J.-M. LAHY

Le Système Taylor

et la Physiologie

du Travail Professionnel

GAUTHIER-VILLARS & Cie
55, Quai des Grands-Augustins, PARIS

1921

J.-M. LAHY

Le Système Taylor

et la Physiologie

du Travail Professionnel

GAUTHIER-VILLARS & Cie
55, Quai des Grands-Augustins - PARIS
1921

LE SYSTÈME TAYLOR

ET LA PHYSIOLOGIE

DU TRAVAIL PROFESSIONNEL

Bibliothèque Française du Chef d'Industrie

J.-M. LAHY

Le Système Taylor

et la Physiologie

du Travail Professionnel

GAUTHIER-VILLARS & Cie
55, Quai des Grands-Augustins, PARIS

1921

PRÉFACE

Paru en 1916, en pleine guerre, ce livre, que nous présentons à nouveau, fut épuisé en quelques semaines. Retenu loin de Paris par nos obligations militaires, nous ne pûmes trouver, pendant quatre ans, les loisirs nécessaires pour préparer une seconde édition. Et, d'ailleurs, ne valait-il pas mieux attendre qu'à la faveur des événements les expériences tentées de toutes parts, dans les usines, vinssent fournir des données nouvelles pour juger la valeur de la méthode taylorienne ?

Nos prévisions se sont réalisées. Malgré les affirmations de quelques-uns, qui se déclarent irréductibles, un mouvement très net, en accord avec les idées que nous avions exprimées, se dessine en vue de ramener l'œuvre de l'ingénieur américain à des proportions normales, d'en signaler équitablement les parties heureuses comme les erreurs et d'en tirer des suggestions utiles pour l'industrie française.

Il ne nous est pas possible de donner ici le compte rendu des publications qui, durant ces cinq dernières années, ont apporté le contrôle des faits à notre jugement et mis en garde contre l'engouement excessif qui a marqué les débuts du taylorisme. Qu'il nous suffise de rapporter l'idée dominante qui s'en dégage, à savoir qu'on a eu tort de nommer « science » ce qui n'est qu'une technique destinée à obtenir, pour telle affaire industrielle, le maximum de rendement.

*Faire de « l'organisation scientifique du travail »,
c'est, à l'opposé, rechercher à chaque minute les
conditions les plus favorables à la production en
fonction des données sans cesse renouvelées de l'outillage, de la main-d'œuvre, des débouchés commerciaux,
de la réception des matières premières, etc.*

*Il ne s'en suit pas, parce que nous y faisons des
réserves, que l'œuvre de Taylor soit tout entière à
rejeter. Elle possède une valeur propre que nul ne
saurait nier et que nous nous sommes efforcé nous-
même de signaler équitablement. Mais elle n'atteint que
partiellement les problèmes de l'organisation du travail,
et, tout au plus, amorce-t-elle des solutions dont il faut
bien apercevoir le caractère provisoire. C'est pourquoi,
au lieu de l'admirer en bloc, comme certains l'ont fait
en vue de créer un courant d'imitation dans le monde
industriel, nous en avons tenté l'étude critique, désinté-
ressée, objective.*

*Nous croyons, en effet, que le Français vaut mieux
que ce qu'on exige de lui. Imiter n'est pas son aptitude
caractéristique. Tout système d'organisation du travail
qui veut répondre aux besoins réels de notre industrie
doit prévoir cela et favoriser l'éclosion des idées
nouvelles, quelle qu'en soit la source.*

*Cependant, lorsque la fonction, — comme c'est le
cas pour le chef d'industrie, — suppose chez l'homme
un effort constant d'adaptation et de perfectionnement,
il importe que tous les moyens soient employés pour
faciliter la tâche. La connaissance des diverses
méthodes est alors nécessaire — celle de Taylor autant
que les autres. C'est pourquoi nous pensons qu'il y a*

utilité à exposer celle-ci avec clarté et précision, afin qu'elle soit connue, étudiée, assimilée par nos industriels. Elle peut fournir maints enseignements précieux, sans qu'il soit besoin pour cela de la transplanter purement et simplement dans nos usines.

*
* *

Certains — en raison peut-être de ce qu'ils n'attachent pas aux mots un sens assez précis — se sont mépris sur le sens de notre étude. Comme nous parlions de faire la critique du système Taylor, ils en ont conclu que nous allions en médire. C'est là une erreur que des esprits avisés n'auraient pas dû commettre. La critique n'est qu'un moment de la recherche scientifique dont l'effort plus vaste consiste à recueillir des faits, à les identifier par le moyen d'un jugement intellectuel averti — la critique — et à les classer.

Prenons un exemple. Pour connaître un phénomène social complexe — le droit, entre autres, — il est nécessaire·d'en rechercher les formes simples. Il faut donc demander à l'ethnographie de nous renseigner sur son expression la plus primitive. Grâce à la critique, — critique des sources et critique des faits, — nous parvenons à identifier les éléments qui le composent à l'origine des sociétés. Puis, ce travail accompli, nous les classons en vue d'aboutir à une définition des formes élémentaires du droit. Il est aisé de relever ensuite, au cours de l'histoire, le développement que prennent les règles juridiques marquant les rapports entre les hommes, de voir ce qui survit du passé dans notre *législation ou nos coutumes et ce qui prépare les progrès à venir.*

La même méthode de procéder est employée dans toutes les sciences, avec ce correctif que dans les sciences physiologiques la critique joue le rôle de premier plan au point d'envahir, sous la forme de l'expérience, tout le domaine de la recherche. Un fait non contrôlé n'est qu'une hypothèse. Mais, dès que l'expérience l'a établi, il est identifié, puis classé; et son exactitude est d'autant plus certaine que la vérification peut en être faite à tout instant.

En appliquant ces méthodes à l'étude du système Taylor, nous avons mis en œuvre l'esprit critique et recouru, chaque fois que la chose a été possible, au procédé expérimental. Nous ne prétendons pas avoir atteint, du premier coup, toute la vérité. Mais, si notre investigation a été bien conduite, nos idées doivent être confirmées par les expériences réalisées jusqu'à ce jour, et qui présentent le maximum de garanties.

En ce qui concerne les expériences faites sur le fonctionnement du moteur humain, dans le travail professionnel, et qui relèvent de la recherche des physiologistes, notre désir est de les voir reprises, étendues et contrôlées.

Les phénomènes économiques et sociaux qui se trouvent en jeu dans l'application du système Taylor sont plus difficilement atteignables par l'expérimentation proprement dite ; mais l'observation peut y suppléer, lorsqu'elle est bien conduite et impartiale.

Or, ces conditions se trouvent réalisées par une enquête faite en Amérique pendant l'année 1915.

Nous avons appris, en effet, qu'à cette époque la Chambre des Représentants avait organisé une enquête impartiale sur l'application du système Taylor aux Etats-Unis. La direction en fut confiée à M. R. F. Hoxie, professeur d'économie politique à l'Université de Chicago, assisté de deux experts désignés, l'un par les ouvriers : M. John P. Frey, l'autre par les patrons : M. Robert G. Valentine.

L'enquête a porté sur 35 établissements, dont plusieurs désignés par Taylor lui-même. Une telle enquête, on en conviendra, a la valeur d'une expérience. Ses résultats ont amené M. Hoxie à faire des remarques qui justifient pleinement les prévisions que nous avions formulées dans nos études[1].

En effet, M. Hoxie, après avoir constaté comme nous-même que l'organisation scientifique des usines marque un progrès considérable dans l'évolution industrielle, et qu'à ce point de vue le système Taylor présente une valeur véritable, signale en toute loyauté les imperfections du taylorisme — imperfections qu'il attribue à sa mise en pratique, mais qui, en réalité, dépendent du système lui-même.

Remarquant que le système Taylor n'est appliqué intégralement dans aucune des usines qui le revendiquent, M. Hoxie se demande, non sans inquiétude : « Que doit-il être dans les autres ? ».

Nous avons donné de ce fait — qui peut paraître déconcertant au premier abord — une explication dans

---

1. ROBERT FRANKLIN HOXIE, *L'organisation scientifique des ateliers et le problème de la main-d'œuvre aux Etats-Unis*, 1 vol. (Bibliothèque internationale du travail, Gauthier-Villars, Editeur).

notre étude. Le système, disons-nous, est trop rigide pour être applicable en son entier. Il étreint non seulement l'ouvrier, mais encore les directeurs, les ingénieurs, les contremaîtres. Sa faute initiale est de ne pas tenir suffisamment compte des différences de milieux, de ressources, de mentalité. A l'inverse, une véritable organisation du travail suppose l'examen de problèmes sans cesse renouvelés et de solutions adéquates.

En outre de ce qui a été dit, M. Hoxie observe qu'en sélectionnant ses ouvriers d'après le rendement de l'usine, Taylor aboutit à créer, par l'élimination des valeurs moindres, des déchets sociaux. Nous avions prévu la chose et indiqué qu'une sélection préalable, réglée d'après les aptitudes physiologiques de chaque homme, était nécessaire. Des instructeurs, chargés d'apprendre leur métier aux jeunes gens ainsi sélectionnés par les physiologistes, travailleraient alors sur un terrain propice où nulle plante parasite — les habitudes néfastes — n'aurait germé.

L'absence dans le système Taylor du principe de la sélection préalable aboutit à ce double effet : ou les ouvriers sont rejetés de l'usine et deviennent des non-valeurs que nul ne dirige plus, ou ils sont entraînés, pour s'y maintenir, à faire des efforts extrêmes en vue de corriger leur inaptitude spéciale. L'étude constante de la fatigue ouvrière devrait donc faire partie d'une organisation vraiment scientifique du travail. M. Hoxie constate que cette préoccupation est étrangère au taylorisme, malgré le grand souci d'hygiène et de sécurité qui s'y manifeste.

Intéressé avant tout par la question de la fatigue professionnelle, nous avons montré que le système Taylor ne pouvant pas préserver automatiquement les ouvriers contre l'épuisement déterminé par un travail d'attention et de rapidité intense, il importait de demander une aide aux sciences qui poursuivent la solution de ce problème : la psychologie et la physiologie.

Mais où les conclusions de l'enquête de M. Hoxie se trouvent en accord plus étroit avec les déductions de notre étude, c'est sur le point du chronométrage. Le chronométrage permet, — et c'est là son véritable avantage — d'obtenir un certain perfectionnement de la technique. Mais si l'on veut, par lui, fixer le taux des salaires, on commet « des erreurs et des injustices » très graves. M. Hoxie note, à ce propos, que dix-sept facteurs dépendent de la volonté et du jugement des expérimentateurs. Il en conclut, comme nous, que la méthode ne présente pas de rigueur scientifique.

Notons, pour montrer toute la gravité de cette critique, que l'étude de la fatigue doit se greffer sur celle des temps, — ce que n'a pas fait Taylor. Cette dernière, que nous ne songeons pas à rejeter, doit constituer un des éléments de l'organisation scientifique du travail, mais sans présenter le caractère simpliste que lui donne Taylor.

Les constatations de M. Hoxie, faites dans les conditions que l'on sait et sous l'égide même de Taylor, confirment donc la définition que nous donnons du système. C'est, disons-nous en substance, une organisation perfectionnée du travail qui tend à obtenir de l'outillage et de la main-d'œuvre le maximum de rendement. Sans plus.

Ce qui lui manque, et que nous avons signalé, est cause de cette sorte de régression à laquelle on assiste, lorsqu'on compare la théorie du système à son application. On se demande, en effet, pourquoi le rôle de contremaître fonctionnel, tel que Taylor l'a décrit, n'est pas tenu dans la pratique et quelles sont les raisons qui l'ont annulé, à peine créé ?

Ne serait-ce pas parce que l'absence de sélection scientifique préalable des travailleurs et d'une étude constante et minutieuse de la fatigue privent ces mêmes travailleurs de toutes garanties. On est obligé de contraindre l'ouvrier comme dans l'ancienne organisation dite militaire, au lieu de le diriger, comme Taylor croyait pouvoir le faire.

On se rendra compte, en lisant les pages qui suivent, de notre désir de signaler, à côté des erreurs qu'il faut bien constater, les innovations que renferme le système de Taylor. Notre critique vise moins, en effet, à diminuer la valeur d'un type d'organisation des usines, que l'on prétendait imposer sans réserve à notre industrie, qu'à présenter les problèmes que pose à l'heure actuelle une organisation rationnelle et française du travail professionnel.

En nous plaçant au seul point de vue du psychologue et du physiologiste, il se trouve que ces problèmes sont ceux qui présentent la plus urgente actualité. On verra comment nous les avons posés et quels espoirs nous pouvons fonder sur les résultats déjà acquis.

INTRODUCTION

L'homme se différencie des êtres vivants et de cet être automatique qu'est la machine par la diversité quasi illimitée de ses images mentales et de ses gestes, et par les rapports qu'il établit entre sa pensée et ses actes en vue de les amener à la perfection.

Or, dès que l'homme est au travail, ses images et ses gestes se réduisent aux nécessités de sa profession; le champ de sa conscience se rétrécit. La tendance moderne à limiter l'activité humaine afin d'obtenir une adaptation précise des gestes aboutit à une perte et à un gain. Si, d'une part, le manufacturage de la matière première est réalisé dans les meilleures conditions de vitesse et de quantité et si l'ouvrier atteint à la perfection du geste corrélative de la précision des images mentales, d'autre part l'excès de fixité dans la pensée et les actes réduit l'individu. Il y a donc à chercher le point d'équilibre entre le trop grand automatisme humain lié au travail moderne et l'éparpillement de la pensée dû à l'absence de contrainte.

La loi du rendement accru, dans la mesure où elle dépasse une durée optima, va à l'encontre du développement psychologique et physiologique normal de l'homme. Plus celui-ci est contraint à une besogne fixe et plus il doit jouir, par ailleurs, d'une initiative libre afin de retrouver la multiplicité des images et de réaliser, par leur jeu complexe, des actes variés et utiles.

Chaque fois qu'il s'est agi d'organiser le travail sur de nouvelles bases, les réformateurs ont mis au premier plan le perfectionnement de la technique, ne considérant l'ouvrier qu'à l'égal d'un élément de production, d'un complément de l'outil. Quant au domaine où doit s'exercer son activité non spécialisée, ils l'ont toujours ignoré, laissant à l'initiative de chacun le soin de trouver les mesures qui préserveront l'homme et la race. De là est née pour les travailleurs la nécessité de se grouper, d'agir sans l'accord des organisateurs du travail, et de s'opposer à eux en des conflits graves.

L'œuvre de W. Taylor est l'aboutissant d'une évolution dans les   rmes du travail où l'on ne se préoccupe que du rendement professionnel. L'ingénieur américain simplifie les gestes et les méthodes de travail, afin d'assurer la surproduction de chacun.

Cette conception nouvelle du travail est entachée d'une triple erreur : psychologique, sociologique, industrielle.

L'ouvrier, bien que donnant à l'usine la majeure partie de ses forces et de son temps, ne cesse pas d'être un homme dont l'action tend vers des buts divers. L'assimiler à une machine, sous prétexte qu'il assume une besogne où la part intellectuelle est réduite, sert à accroître encore son infériorité. C'est à ce préjugé, d'autant plus révoltant que dans l'état social actuel le choix des professions ne résulte pas d'une sélection psychologique préalable, mais se trouve livré au hasard des circonstances, que sont dus et le mépris avec lequel W. Taylor considère les manœuvres de ses usines et l'hostilité qui, en France du moins, a accueilli le système.

Au point de vue sociologique, l'erreur est plus grave encore. Qn ne peut pas abstraire l'ouvrier de l'homme qui prend une part d'activité sociale dans des domaines où il se trouve plus élevé hiérarchiquement qu'à l'usine. Chef de famille, il assume toutes les charges morales qu'impliquent la direction d'un ménage et l'éducation des enfants; citoyen, il se place parfois, dans la vie politique, parmi les individus les plus actifs.

N'est-ce pas commettre enfin une grave erreur du point de vue professionnel que de méconnaître l'usage de plus en plus répandu de la machine qui, se substituant à l'homme, lui impose un travail de surveillance, d'adaptation rapide et sûre pour lesquelles des qualités mentales sont indispensables?

Rien dans l'œuvre de W. Taylor n'indique qu'il se soit placé aux divers poi...s de vue que nous signalons. Laissant à d'autres le soin de le critiquer d'après les données de la sociologie, nous pensons que le psycho-physiologiste a le devoir, dans l'intérêt du patron comme dans celui de l'ouvrier et même de la race, de marquer la place de l'homme dans toute organisation scientifique du travail.

L'œuvre de W. Taylor, par l'étude et la critique que l'on en peut faire, nous permettra de fixer des éléments essentiels de la vie ouvrière et d'esquisser les lignes d'une organisation vraiment scientifique du travail humain, s'opposant à des méthodes trop simplistes. Nous appuyant sur les données de la psycho-physiologie, nous signalerons l'importance des problèmes de l'adaptation ouvrière, de la sélection professionnelle et de la fatigue. Il ressortira de cette étude, pensons-nous, ce fait que patrons et ouvriers ont un intérêt égal à organiser scientifiquement le travail professionnel.

LE SYSTÈME TAYLOR

ET LA PHYSIOLOGIE
DU TRAVAIL PROFESSIONNEL

CHAPITRE PREMIER

LES PRINCIPES DE W. TAYLOR
ET LEUR DIFFUSION DANS LE MONDE INDUSTRIEL

Depuis bientôt trente années déjà, Fred. W. Taylor[1] a introduit dans quelques usines américaines un mode de travail rationnel, dont il a affirmé à plusieurs reprises les effets bienfaisants, particulièrement dans son ouvrage intutilé : *Principes d'orga.iisation scienti- fique des usines.*

1. Fred. W. TAYLOR est né en 1856 à German Town Pa. Il est mort à Philadelphie, le 21 mars 1915.

Le caractère essentiel de sa vie, qu'il est inutile de rappeler ici dans tous ses détails, c'est qu'avant de devenir ingénieur en chef d'une importante usine, il eut à franchir tous les degrés de la hiérarchie industrielle, depuis la fonction de manœuvre jusqu'à celle d'ingénieur. Il ne fut donc jamais spécialisé et l'on doit à cela la vue générale et ingénieuse qu'il eut de l'organisation des usines. La spécialisation est, certes, chose nécessaire et bienfaisante, mais l'exemple de Taylor lui-même nous prouve que l'intérêt général exige que chaque homme puisse aisément s'élever au-dessus d'une spécialisation trop stricte.

Se réclamant des méthodes de la science, il considère que les progrès réalisés par lui dans le travail humain constituent un renouvellement total des procédés anciens et engagent tout le mécanisme de l'organisation du travail. Certes, il a importé parmi les anciennes techniques des innovations ingénieuses et, sans hésiter devant les frais qu'entraîne le renouvellement de l'outillage, il a rajeuni de toutes pièces son usine. Les chiffres qu'il donne prouvent, d'ailleurs, que le rendement obtenu dépasse de beaucoup celui qu'on atteignait dans le passé. Mais, pour importantes que soient ces modifications, elles ne sauraient, par la façon très simple dont elles résolvent les problèmes de la vie professionnelle, apporter la solution définitive à une question aussi complexe que celle de l'organisation du travail.

Peut-être même ne faut-il pas attendre une telle transformation d'un seul individu, si bien inspiré soit-il, car elle ne peut être que l'œuvre systématique de groupes de savants spécialisés et d'industriels. W. Taylor n'a poursuivi que des fins individuelles, où se marquent les caractères de son tempérament énergique et net. L'entreprise, à la fois plus vaste et poursuivie de façon plus objective, doit avoir partout une portée nationale.

Il se peut que certains principes préconisés par l'ingénieur américain entrent comme partie constituante dans une réforme d'ensemble et influencent la pensée de plus d'un organisateur. C'est pourquoi son système mérite une attention particulière et, puisqu'il se réclame de la science, une analyse faite à l'aide des méthodes objectives. Il y gagnera de voir signaler quelques-unes de ses faiblesses et maintenir de façon durable les progrès qu'il a réalisés.

Avant que la méthode proposée par Fr. W. Taylor pour réorganiser les usines fut connue en France, les mots *organisation scientifique du travail* avaient un sens précis et clair, en dépit de leur complexité. Depuis, c'est-à-dire dès l'apparition du livre de W. Taylor, ils ont pris un autre sens, en apparence plus précis, mais bien moins complexe. Et, du même coup, les systèmes qui leur semblaient attachés ont perdu de leur valeur sociale, humaine et scientifique.

L'organisation du travail fondée sur la connaissance positive des nécessités de l'industrie n'est pas — il faut le dire — une chose nouvelle due à l'initiative de l'ingénieur américain. Si l'œuvre de W. Taylor mérite la considération, c'est qu'elle a réalisé des transformations profondes dans le mode du travail industriel, et que, par elle, la question trop négligée de la vie professionnelle a pris une évidente actualité. Nul chef d'industrie, à l'heure actuelle, ne peut plus paraître s'en désintéresser.

L'organisation du travail, dite méthode Taylor, porte bien la marque du pays et des hommes par qui elle a été innovée. Elle ne s'embarrasse ni des réserves que les gens timorés ne manquent pas de faire lorsque, pour atteindre un but, il faut sacrifier tout ensemble et l'argent et les préjugés, ni de cette sentimentalité qui fait considérer dans l'homme — l'ouvrier en l'espèce — autre chose que sa valeur de rendement.

Elle a déterminé parfois, chez ceux qui l'ont vu

fonctionner ou chez d'autres, un véritable engouement, à tel point que quelques-uns ont voulu lui reconnaître une portée infiniment étendue. Nous donnons au mot « infiniment » son sens mathématique car, de l'aveu même de W. Taylor, toute innovation jugée utile, si elle est scientifique, se trouvera du même coup intégrée dans son système. Si bien que, dans un avenir proche, le fonctionnement des usines qu'il a imaginé et réalisé, se confondra avec l'organisation scientifique du travail.

Une conception aussi plastique d un système qui se présente cependant avec des lignes très arrêtées et un but défini, rend l'étude malaisée. Le principe éminemment éclectique de rejeter toute erreur qui est sienne et d'admettre les améliorations imaginées par les hommes de science exprime un état d'esprit qui ne va pas sans danger.

Dans la pratique industrielle, il n'est pas possible de prendre pour guide — à côté de faits énoncés avec précision — des idées vagues, une *philosophie* comme la nomme W. Taylor en détournant le mot de son sens, où tout est matière à interprétation personnelle. Peut-être même W. Taylor en viendrait-il ainsi à réclamer plus qu'il ne lui est dû.

L'idée d'une organisation scientifique du travail est devenue le bien commun de tous depuis que la physiologie moderne s'est constituée et que le régime industriel impose une production intense.

.Notre étude ne peut porter que sur ce qui est la part d'invention propre à W. Taylor. Dans ce cas seulement la critique objective devient possible et utile.

Pour atteindre ce but, nous avons pris les faits dans

les travaux que W. Taylor a publiés et où il développe, avec tous leurs détails, ses innovations. L'ouvrage qu'il convient de lire pour connaître exactement la pensée de W. Taylor et pour juger de sa valeur a paru dans l'édition américaine en 1903 et a été traduit en français en 1917 sous le titre : *Etude sur l'organisation du travail dans les usines*[1]. Par malheur, cet ouvrage est épuisé; aussi pour rendre nos références accessibles à tous, les empruntons-nous le plus souvent au livre plus répandu : *Principes d'organisation scientifique des usines*[2], qui est traduit en plusieurs langues.

Ce livre présente cependant le désavantage d'être mal composé et de renfermer des appréciations et des généralisations qui nuisent à sa valeur. W. Taylor a voulu, en effet, tirer une « philosophie » de son système et, par là, lui a nui.

Quiconque voudra juger impartialement W. Taylor devra s'en référer au premier de ces ouvrages cités. Il se divise en trois parties ayant pour titre : La taille des métaux, l'emploi des courroies, la direction des ateliers.

---

1. In-4º de 412 pages, publiée par la *Revue de Métallurgie*, en 1907.

2. L'original en anglais a été publié en 1911 chez Harper et Bros, New-York, en français, chez Dunod et Pinat, Paris, 1912.

Au moment où nous terminions ce travail, la librairie Dunod et Pinat, de Paris, venait de rééditer une partie de l'ouvrage capital épuisé. On s'y reportera utilement. Il a pour titre : *La direction des ateliers*, 1 vol., 190 pages.

C'est en somme la 3º partie de l'*Etude sur l'organisation du travail dans les usines*, à laquelle on a placé en appendice une note tirée de la seconde partie : l'*emploi des courroies*. Nous y renverrons aussi une partie des références.

Nous nous sommes reporté aussi à un certain nombre de mémoires publiés par W. Taylor et parus dans diverses revues étrangères, ou à des travaux antérieurs parfois épuisés en librairie [1].

1. A piece rate system : *Transactions of the American Society of mechanical Engineers*, mémoire 637, juin 1895.

A piece rate system in the adjustment of wages to efficiency, Macmillan C⁴, New-York, 1896.

Shop Management, *Transactions of the American Society of Mechanical Engineers*, mémoire 1003, juin 1903.

A comparaison of university and industrial description and methods. *American Machinist*, n° 46, 1ᵉʳ décembre 1906, p. 629 (Extrait d'un rapport à un Laboratoire technique de l'Unversité de Pensylvanie, nouvellement créé). Il montre que la liberté trop grande dont jouit l'étudiant ne le prépare pas à la stricte discipline de la vie industrielle. Il préconise un stage de 6 mois dans un atelier avant l'entrée du jeune homme à l'Université. Bien que cette question paraisse étrangère à l'étude que nous faisons, il nous semble équitable de montrer que la sujétion des employés supérieurs à l'usine est, pour lui, aussi importante que celle qu'il veut imposer à l'ouvrier.

On the art of cutting metals. *Transactions of the American Society of Mechanical Engineers*, novembre 1906, vol. 28.

C'est le travail capital de W. Taylor. On y trouve toute la série des minutieuses recherches faites par lui pour établir la construction de la règle à calcul du mécanicien, la description du tour expérimental imaginé par l'auteur, mis en usage pendant trois ans aux usines de la Béthlehem Steel Company et qui a figuré à l'exposition de Paris en 1900. Il n'est pas inutile de signaler ici les exagérations de W. Taylor en ce qui concerne l'importance d'un si formidable outillage, car des expériences analogues et aussi précises ont été faites ailleurs avec un outillage plus modeste. On se rend compte aussi par ce travail de l'importance des recherches du Dʳ Nicolson sur les trépidations pendant la coupe, et la part que prirent MM. G. M. Sinclair, H. C. Gautt et G. Barth dans la solution mathématique des problèmes soulevés et dans l'invention de la règle à calcul.

Over Arbaits praestatie en Loomegeling. Amsterdam, Van Mantgen et Does, 1909.

Les commentateurs et les disciples de W. Taylor sont nombreux. Il ne nous est pas possible de les mentionner tous. Qu'il nous suffise d'indiquer : Gantt[1], Gilbreth[2], Sanford Thompson[3], Le Chatelier[4], de

Shops Managements. Parper and Bros, New-York and London, 1911.

The principles of scientific management. *Journal of Accountancy,* juin 1911.

The principles of scientific management. *Addresses and discussions at the conferences on scientific management held,* octobre 12, 13, 14, 1911. Amos Tuck School Darmouth College Hanover. N. H. (U. S. A.), 1912.

Changing from ordinary to scientific management : *Industrial Engineering,* mars 1912.

1. H. G. GANTT. Work Wages and Profits publié par : *Engineering Magazine,* New-York, 1910.

2. F. B. GILBRETH s'est appliqué à connaître la durée des mouvements dans les professions les plus variées. Il a publié divers ouvrages sur l'organisation du travail : *Motion study, a method of Increasing the efficiency of the Workman. — Concret system. — Bricklaying system. — Field system* et récemment : *Primer of Scientific Management* (Londres, Constable and C⁰, 1 vol. 108 pages, 1912).

3. SANFORD THOMPSON. Paiement différentiel des salaires aux pièces système Taylor, *Engineering Magazine,* Londres, 1900, Janvier, p. 617-630.

4. Dans les préfaces importantes aux diverses traductions françaises de W. Taylor, aussi : *Génie civil,* 1913, et *Technique Moderne,* juin 1913.

Nous avons nous-même suscité une sorte d'enquête sur la méthode Taylor, en demandant à la revue : la *Technique Moderne,* d'ouvrir ses colonnes aux diverses personnes qui se sont occupées de la question. M. H. Le Chatelier a répondu le premier à cette sollicitation dans la revue de juillet 1913. Cette enquête n'a pas eu l'importance qu'elle méritait. Elle a été arrêtée, dès le début, par des polémiques personnelles qui n'ont rien ajouté de nouveau aux problèmes soulevés.

Fréminville, Wallichs[1]... Une critique attentive du système a été faite en Amérique par l'amiral mécanicien J. Edwards[2].

Il a cependant, en Amérique, des admirateurs enthousiastes, et l'on peut dire qu'il a fait école. C'est d'ailleurs son désir, puisqu'il a créé des bourses d'études pour les ingénieurs qui se fixeraient quelques temps auprès de lui afin d'étudier son système.

Une enquête dirigée par la revue « *the Journal of the Political Economy* », en vue d'étudier l'organisation générale du travail, et à laquelle ont pris part : Sanford E. Thompson[3], C. Bertrand Thompson[4], Frank Gilbreth[5], H. P. Kendall[6], Amasa Walker[7], John

1. A. WALLICHS, *Ueber Dreharbeit u. Werkzeugstahle*, Berlin, 1908.

Die Betriebsleitung, Berlin, 1912.

Taylor's Erfolge auf dem Gebiete der Fabrikorganisation. Sonderabdruck aus der Zeitschrift « *Stahl u. Eisen* », n° 2, 1912.

Eindrucke vom amerikanischen Maschinenbau. Sonderabdruck aus « *Werkstattstechnik* », 1912, Heft 1.

Taylor's Untersuchungen über rationnelle Dreharbeit. Sonderabdruck aus « *Stahl u. Eisen* », 1907, n° 29 u. 30.

2. J. EDWARDS. The fetichism of scientific management. *Journal of the American Society of Navals Engineers*, mai 1912.

3. SANFORD E. THOMPSON. Time-Study and Task Work. *The J. of Political Economy*, mai 1913, p. 377 à 387.

4. C. BERTRAND THOMPSON. The relation of scientific management to the wage Problem. *The J. of Political Economy*, juillet 1913, p. 630 à 642.

5. FRANK B. GILBRETH. Units, methods, and devices of measurement under scientific management. *The J. of Political Economy*, juillet 1913, p. 618 à 629.

6. H. P. KENDALL. Systematized and scientific management. *The J. of Poliitcal Economy*, juillet 1913, p. 593 à 617.

7. AMASA WALKER. Scientific management *applied* to commercial enterprises. *The J. of Political Economy*, mai 1913, p. 388 à 399.

P. Frey[1], Hollis Godfrey[2], Morris L. Cooke[3], a circonscrit sa recherche autour du système Taylor, dont chaque point a été repris en détail. Malgré son désir de préciser la valeur et la portée des doctrines de W. Taylor, chaque auteur aboutit à un acte de foi que l'un d'eux, M. M.-L. Cooke, exprime même sous une forme mystique. Après avoir paraphrasé la philosophie taylorienne, il l'assimile aux enseignements du christianisme et aux rêves de démocratie intégrale.

Pas plus dans ces articles que dans les autres travaux relatifs à W. Taylor, ne prévalent l'analyse méthodique et la critique positive. Leur valeur s'en trouve diminuée d'autant.

Notre documentation ne s'est pas limitée aux travaux de W. Taylor et de ses commentateurs. Nous avons tenu à suivre sur place le fonctionnement de divers établissements métallurgiques pour y étudier les conditions du travail et la fixation des salaires. Nous avons pu ainsi nous rendre compte de la valeur pratique que présente, en France, le système Taylor.

L'étude des faits, du point de vue physiologique et psychologique, nous a été facilitée par les recherches que nous poursuivions depuis une quinzaine d'années et qui ont été soumises, en toutes circonstances, à l'épreuve de l'expérience.

1. JOHN P. FREY. The relationship of scientific management to labor. *The J. of Political Economy*, mai 1913, p. 400 à 411.

2. HOLLIS GODFREY. The Training of Industrial Engineers. *The J. of Political Economy*, juin 1913, p. 493 à 499.

3. MORRIS L. COOKE. The Spirit and Social significance of scientific management. *The J. of Political Economy*, juin 1913, p. 481 à 493.

Tout jugement porté sur le système Taylor doit tenir compte du fait qu'il se trouve en ce moment dans une période de faveur exceptionnelle. En Europe surtout, on est tenté de reporter sur lui toute la prospérité industrielle de l'Amérique. Or, rien n'est moins exact, car il n'a pas influencé l'organisation de toutes les usines, et il est approuvé ou combattu là-bas comme chez nous. Ainsi que le remarque le contre-amiral mécanicien J. Edwards, il n'est en vigueur que dans un nombre restreint d'usines, où on le maintient après l'avoir grandement simplifié[1].

Les réformes introduites par W. Taylor dans le monde du travail ne remontent guère au delà d'une quinzaine d'années. Tout d'abord on n'en comprit pas la portée. Les articles publiés à cette époque ne semblent s'intéresser qu'au nouveau mode de salaire proposé. Lors de la réédition du livre sur l'*Organisation scientifique des usines,* on a paru ne remarquer que l'introduction du chronométrage, qui avait d'abord passé inaperçu.

Cette vue réduite a conduit ceux qui voulaient juger ou appliquer le système à une déformation du principe général qui fut presque toujours la cause des inimitiés et des divergences d'opinion. Les erreurs d'interprétation — il faut bien le dire — sont, en partie, imputables à W. Taylor. Ses livres ne sont pas conçus

---

1. EDWARDS. The fetichism of scientific management. *Journal of the american society of navals Engineers,* mai 1912.

L'enquête récente de M. Hoxie, dont nous parlons dans la préface de ce travail, confirme en les aggravant les constatations de M. Edwards.

d'après un plan très net; les idées, soumises à des redites incessantes, se trouvent parfois en contradiction, et souvent il mélange le sens de mots qui sont loin d'être synonymes. Peut-être aussi a-t-il eu le tort d'omettre l'énoncé de toutes les transformations pratiques où il aboutit et d'affirmer, sans preuves, trop d'idées générales.

L'application du système en Europe remonte à l'année 1905 où les usines J. Hopkinson and C°, d'Hiddersfield (Angleterre), qui venaient de l'adopter, furent visitées et étudiées par les membres de l'*Iron and Stell Institut*. A la suite de cette visite les principes de W. Taylor commencèrent à se répandre en Angleterre. Ils ne semblent pas y avoir fait de grands progrès dans ces dernières années, et M. A. Hobson les a même récemment combattus dans un article de la *Sociological review*[1].

Plusieurs usines les appliquèrent, en Allemagne, avec un succès plus ou moins affirmé. Dans une conférence faite à l'Union des Ingénieurs allemands, le directeur des grandes usines de construction mécanique Borsig, de Berlin-Tegel, reconnut que ses ouvriers, malgré leur habituelle soumission aux modes de travail qu'on leur impose, accueillaient très mal le système Taylor[2].

---

1. J. A. HOBSON, Scientific management. *Sociological review*, juillet 1913. L'auteur, mettant en relief la facilité avec laquelle les industriels, et même, provisoirement, les ouvriers, obtiennent de grands profits par l'application du taylorisme, montre que cela fera perdre de vue les considérations de l'intérêt général et de la liberté individuelle lésés, en fait, par le système.

2. Voir : *Zeits. des Ver. deutsch. Ing.*, 8 mars 1913.

Une controverse menée entre un physiologiste le Dr Sachs[1] et M. Wallichs[2], a prouvé qu'en Allemagne l'opinion est aussi partagée que dans les autres pays. Le physiologiste s'élève avec force contre le danger que présente le système nouveau pour l'organisme humain, tandis que l'ingénieur affirme le respect de W. Taylor et de ses vrais continuateurs pour la santé de l'ouvrier. Nous verrons plus loin ce qu'il faut penser de ces affirmations.

Dans la 54e réunion des Ingénieurs allemands à Leipzig, le système Taylor a fait l'objet d'importantes conférences où MM. Dodge, Colin-Ross et Schlesinger, de Berlin, ont nié les méfaits imputés au système et le préjudice porté à l'ouvrier, tant au point de vue de son salaire que de sa santé; un Américain, M. Gantt, en est même venu à proclamer que le travail exécuté d'après les principes de W. Taylor ennoblissait l'ouvrier. Cette société qui groupe plus de 25.000 membres et réunit dans ses Congrès des ingénieurs du monde entier se livre donc, en faveur du système, à une active propagande.

Il est juste de remarquer, d'ailleurs, que les jugements portés sur l'organisation des usines à la Taylor varient suivant les difficultés rencontrées dans le recrutement ouvrier et avec la sincérité des chefs d'industrie qui l'appliquent. En France, certains industriels, pris d'engouement pour ce système et ces procédés en

---

1. Dr SACHS. Ein System zur Anspressung der Menschenkraft. *Frankfurter Zeitung*, 2 février 1913.

2. N. WALLICHS. Das Taylor System. *Frankfurter Zeitung*, 23 février 1913.

apparence très simples, l'ont appliqué, les uns sans restriction ni critique, les autres en le déformant, si bien que les ouvriers se sont élevés avec force contre cette méthode de rendement et que des grèves ont porté le conflit sur le terrain des luttes cociales.

Quant aux hommes de science qui, depuis des années, suivaient les efforts isolés des physiologistes, des psychologues, des ingénieurs pour fonder les bases d'une organisation scientifique du travail professionnel, ils ont été frappés du crédit subit accordé en Europe à un système que bien peu avaient vu fonctionner, alors que des recherches rigoureusement scientifiques poursuivies auparavant n'avaient reçu aucune consécration pratique. Et pourtant, elles eussent permis d'obtenir, ainsi que nous étions amené à l'espérer nous-même, plus que W. Taylor n'a trouvé : *un rendement maximum avec un minimum de fatigue pour l'ouvrier.*

Mais pour faire rendre aux travaux de tous ceux qui s'étaient depuis longtemps adonnés à ces recherches ce que l'on en pouvait attendre, il eût fallu attacher à l'usine des ingénieurs et des biologistes et les aider de façon efficace dans la poursuite de leur but; il eût fallu transformer les méthodes surannées, rompre avec les routines, engager des capitaux, c'est-à-dire courir des risques. Or, l'industriel français se laisse difficilement aller à de telles hardiesses. Il a paru préférable d'accueillir les procédés innovés au Nouveau-Monde et de les ajuster tant bien que mal à l'outillage existant.

Bien avant W. Taylor, les biologistes ont pensé, chez nous, que l'on obtiendrait de l'ouvrier une production plus forte, après avoir mené à bien une étude expérimentale de la technique industrielle. Mais il ne séparaient pas cette idée de la recherche des conditions salutaires de l'activité humaine.

En outre, un économiste français, M. André Liesse, a montré, dès 1899, dans son livre : *Le travail aux points de vue scientifique, industriel et social* que l'on devait donner aux conditions psychologiques de l'activité professionnelle une des premières places dans l'organisation rationnelle du travail. Ce livre, qu'on pourrait à bon droit considérer comme classique, aurait dû utilement inspirer Taylor.

En Amérique, les industriels ont envisagé le problème sous son autre aspect. Le but étant de créer des industries à grand rendement, l'ouvrier devient partie intégrante du mécanisme économique. Machine utilisable dans la mesure où il est bien dressé, on l'adapte, par force, au système de la production intense. Les préoccupations d'ordre physiologique passent ainsi après les nécessités mécaniques. On ne les fait intervenir que pour affirmer le bon état des choses; et pourtant l'Amérique, où les ressources pécuniaires employées à des fins scientifiques dépassent de beaucoup les nôtres, possède des laboratoires où il serait aisé de poursuivre de vastes enquêtes sur la situation physique des ouvriers avant et après le travail, afin de mesurer la fatigue due au labeur professionnel.

Les deux points de vue — scientifique et utilitaire — même s'ils servent à poursuivre le même but, s'opposent trop vivement pour que l'on puisse les substituer l'un à l'autre. A des civilisations différentes doivent correspondre des institutions différentes. Il était à prévoir que l'adoption en bloc du système américain ne se ferait pas, chez nous, sans difficulté.

Avant que les conflits n'éclatent avec plus de force et pour sauvegarder ce qui est bon dans les innovations de W. Taylor, nous avons pensé qu'il était utile de faire l'étude objective du système et de ses applications. De plus, en prenant pour base les procédés employés par W. Taylor, il nous sera possible de préciser les résultats obtenus dans les recherches similaires sur l'organisation du travail et l'utilité qu'il y aurait pour l'industrie à faire pénétrer, dans toutes les questions que soulève le travail humain, les données des sciences physiologiques et psychologiques. Si, grâce à l'exemple de W. Taylor, les préjugés des industriels se trouvaient vaincus, ce ne serait pas là un des moindres résultats de l'effort de l'ingénieur américain.

Il semble, d'ailleurs, que partout les partisans et les adversaires du système ne fassent pas allusion aux mêmes faits. Cela parce que le système Taylor a drainé tant d'idées éparses dans l'industrie que l'on n'a pas suffisamment vu quelle était la pièce du système. Ainsi R. Woldt[1] fait remarquer et prouve que toutes les mesures recommandées par W. Taylor au point de vue du perfectionnement constant de l'outillage ont été prises spontanément en Allemagne avant que l'on y ait connu les principes américains, et G. Werner[2], après un exposé très objectif et élogieux du système, montre

1. R. WOLDT. Das Taylor System. *Correspondenzblatt der Generalkomission der Gewerkschaften Deutschlands*, 5 Juli 1913.

2. G. WERNER. Das Taylor System. *Correspondenzblatt der Generalkomission der Gewerkschaften Deutschlands*, 10 Mai 1913.

les dangers d'une spécialisation à outrance. S'il est bon, dit-il, d'élever les salaires, et même de diminuer la durée du travail, il est douteux que ces avantages contrebalancent l'inconvénient de réduire l'ouvrier à l'état de machine sans activité intellectuelle.

De même M. Wallichs nous prouve, sans le vouloir d'ailleurs, qu'il n'a pas vu le système dans son ensemble ni le lien qui unit tous les éléments dont il se compose, car il attribue à l'ordre parfait qui règne dans les ateliers de W. Taylor plus d'importance qu'à l'augmentation de la rapidité des mouvements[1].

1. WALLICHS. Moderne amerikanische Fabrikorganisationen (System Taylor). *Technick und Wirtschaft*, V° Jahrgang, 1912. Heft, 1.

CHAPITRE II

LA DÉFINITION DU SYSTÈME D'APRÈS W. TAYLOR

On appelle ainsi — suivant les indications mêmes de
l'auteur — un ensemble de règles pratiques introduites
dans le mode du travail et devant aboutir au rendement
maximum de l'usine. Le « chronométrage » n'est qu'un
moment de la méthode, mais si important que le public
mal averti, certains industriels trop pressés de recueillir
le bénéfice de la surproduction, et même des hommes
de science — prenant la partie pour le tout — ont vu
en lui toute la pièce du système. Voici, d'ailleurs,
comment Fr.-W. Taylor lui-même fixe les données
essentielles de sa méthode :

« L'organisation scientifique ne comporte pas
nécessairement une grande invention ni la découverte
de faits nouveaux extraordinaires; elle consiste dans
une certaine combinaison d'éléments qu'on n'avait pas
encore réalisée, dans le groupement de connaissances
analysées et classées sous forme de lois et de règles qui
constituent une science; cette science est accompagnée
d'un changement complet dans l'attitude réciproque
des ouvriers et de la direction, non seulement vis-à-vis
des personnes, mais encore des responsabilités et des
devoirs respectifs. Il en résulte une nouvelle répartition
des devoirs et une coopération intime et cordiale
impossible à obtenir avec l'ancien système de direction.

Cette combinaison qui constitue l'organisation scientifique peut être ainsi résumée :

« Science, au lieu d'empirisme;

« Harmonie, au lieu de discorde;

« Coopération, au lieu d'individualisme;

« Rendement maximum, au lieu de production réduite;

« Formation de chaque homme de façon à lui faire obtenir le rendement et la prospérité maximum[1]. »

Certes, W. Taylor a eu le tort de confondre, en terminant ce paragraphe, la méthode et ses résultats[2]; mais sa pensée n'en reste pas moins évidente : ce qu'il faut modifier, ce sont les rapports de l'ouvrier et de la direction. A la hiérarchie actuelle, il faut substituer la coopération. La théorie n'est pas nouvelle, mais W. Taylor a pensé l'établir sur des bases pratiques :

« ... On peut voir que les résultats remarquables obtenus proviennent principalement :

« 1° De la substitution d'une science au jugement individuel de l'ouvrier;

« 2° Du choix et de la formation scientifique de cet ouvrier qui est étudié, instruit, entraîné et pour ainsi dire expérimenté, ce qui l'empêche de choisir lui-même, au hasard, sa voie;

---

1. F. W. TAYLOR. *Principes d'organisation scientifique des usines.* Trad. franç. de J. Boyer, Paris, Dunod et Pinat, 1912, pages 146.

2. Pareille confusion se rencontre constamment au cours de l'ouvrage. Cela explique sans doute les erreurs auxquelles l'interprétation a donné lieu.

« 3° De la coopération intime de la direction et de l'ouvrier telle qu'ils travaillent ensemble conformément aux lois scientifiques, ce qui évite de laisser à chaque homme la solution de chaque problème.

« L'application de ces principes nouveaux décharge l'ouvrier d'une partie de l'effort individuel qu'on lui demandait autrefois et partage à peu près également la tâche à remplir, la direction se chargeant de la partie qui lui revient et l'ouvrier faisant le reste » (p. 125).

Cette conclusion est d'autant plus frappante qu'elle vient après une étude de la taille des métaux, où W. Taylor nous décrit un dispositif très ingénieux établi pour répondre « aux deux questions que se pose tout mécanicien lorsqu'il entreprend un travail sur une machine-outil : tour, raboteuse, perceuse, etc.

« 1° A quelle vitesse de coupe dois-je conduire ma machine?

« 2° Quelle avance dois-je adopter? »

W. Taylor a répondu de la manière la plus précise à ces questions en construisant une règle à calcul dans laquelle entrent douze variables[1] qui ont une influence notable sur les résultats à obtenir.

---

1. Ces douze variables sont : La qualité du métal à couper, c'est-à-dire sa dureté et autres propriétés affectant la vitesse de coupe. La composition chimique de l'acier constituant l'outil et le traitement thermique qu'on lui fait subir. L'épaisseur du copeau, spirale ou ruban de métal qui doit être enlevé par l'outil. La forme ou profil du tranchant de l'outil. L'importance du jet d'eau ou du moyen de réfrigération employé pour l'outil. La profondeur de coupe. La dureté de la coupe, c'est-à-dire le temps pendant lequel l'outil peut rester sous la pression du couteau sans être réaffûté. Les angles de

Tout le monde connaît de façon suffisante le maniement de la règle à calcul ordinaire pour comprendre de quelle utilité peut être l'usage d'un outil de ce genre n'exigeant de l'ouvrier aucune connaissance mathématique.

De ce fait W. Taylor conclut à la nécessité d'une collaboration des directeurs de l'usine au travail industriel. Les recherches qui ont permis la création de cette règle à calcul ont, en effet, duré vingt ans, nécessité la construction de dix machines différentes, sur lesquelles on fit de 30.000 à 50.000 essais, l'emploi de 400 tonnes de fer et d'acier et une dépense totale de 1 million de francs. Des mathématiciens de grande valeur furent appelés à examiner les faits pour les réduire en lois qui, elles-mêmes, furent interprétées de façon pratique par l'emploi de la règle à calcul spéciale.

Voilà donc la part que la direction apporte à la collaboration. Que doit donner à son tour l'ouvrier?

Outre son travail manuel, il faut qu'il se soumette aux règles qui viennent régir l'emploi de sa propre force, lorsque la direction les découvre. Mais qui étudiera sa force, recueillera les faits, les énoncera en lois? Et comment va s'effectuer ce travail?

W. Taylor précise les règles générales qu'il faut suivre pour ces études :

« 1° Trouver 10 ou 15 hommes, appartenant de

taillant et de dégagement de l'outil. L'élasticité de la pièce et de l'outil dont dépend le broutement. Le diamètre de la pièce moulée ou forgée qu'il s'agit de travailler. La pression du copeau sur l'outil. L'effort de traction et l'avance de la machine aux diverses vitesses.

préférence à des usines distinctes et originaires de pays différents, entraînés spécialement au travail que l'on désire analyser;

« 2° Etudier la série exacte des opérations et des mouvements élémentaires que fait chacun de ces hommes en exécutant le travail considéré et les outils qu'il emploie;

« 3° Etudier au compteur à secondes le temps exigé par chacun de ces mouvements élémentaires et choisir le procédé permettant de gagner le plus de temps;

« 4° Eliminer tous les mouvements lents et inutiles;

« 5° Cette élimination faite, grouper la série des mouvements les plus rapides et les plus efficaces et employer les meilleurs outils » (p. 127-128).

C'est ici qu'apparaît le chronométrage. Il est l'élément essentiel de la méthode, mais non le seul. D'ailleurs il serait injuste de reprocher à W. Taylor les échecs que l'emploi exclusif du chronométrage doit amener. Il les a prévus et en rejette les responsabilités sur ceux qui les occasionnent :

« Lorsque certains éléments de ce mécanisme, l'étude des temps par exemple, sont employés sans être accompagnés de ce qui constitue la philosophie véritable du système, les résultats sont le plus souvent désastreux, et malheureusement bien des hommes, séduits par le principe de l'organisation scientifique, entreprennent trop rapidement la mise en pratique de ce système sans écouter les avertissements de ceux qui ont mis des années à effectuer ces changements, se butent fréquemment à des troubles sérieux, souvent à

des grèves et sont obligés de renoncer à leur entreprise »
(p. 138).

Lui-même précise les procédés pratiques qui rendront
possible l'application de sa méthode.

Il faut qu'un homme spécial prépare à l'avance et de
façon complète le travail de chaque ouvrier. Les
employés d'un bureau particulièrement affecté à ce
service suivent sur des diagrammes et des plans
l'utilisation de chacun des hommes en les disposant
comme les pièces d'un échiquier, grâce à un système
de téléphones et de messagers organisé en vue de ce
but. Ce n'est donc plus par troupeaux (équipes) que se
fait le travail, mais par l'emploi judicieux et méthodique
de toutes les forces dont chaque ouvrier — considéré
isolément — peut disposer. Or, ce n'est pas l'ouvrier
qui peut découvrir lui-même la mesure de ses forces
appliquées à une besogne donnée; ceci est l'œuvre de
la direction, et il convient qu'un éducateur soit attaché
à chaque ouvrier pour lui montrer comment il doit s'y
prendre, pour le guider, l'encourager, et en même
temps étudier ses aptitudes.

La nouvelle organisation consiste donc à employer :

1° Un personnel chargé de développer la science du
travail par l'étude des temps;

2° Un personnel composé principalement d'ouvriers
habiles, chargés d'instruire, aider et guider leurs
camarades dans leur travail;

3° Un personnel occupé à pourvoir les ouvriers des
outils appropriés et à assurer l'entretien de cet
outillage;

4° Des employés enfin, préparant le travail à l'avance, disposant les hommes de manière à leur faire perdre le moins de temps possible et enregistrant les gains particuliers de chaque ouvrier. On a, dans ce cas, un exemple élémentaire de cette coopération entre la direction et les ouvriers[1].

D'après W. Taylor, les résultats obtenus en Amérique ont été les suivants : 50.000 ouvriers s'y sont soumis; de ce fait ils ont obtenu un relèvement des salaires de 30 à 100 pour 100 par rapport aux industries voisines. Le rendement par homme et par machine a été doublé; les Compagnies ont atteint une situation beaucoup plus prospère; nulle grève n'a éclaté et la sympathie la plus grande règne entre les ouvriers et les patrons.

Malgré ces résultats et malgré les quelques principes excellents dont se réclame la méthode, nous ne pouvons l'accepter et sans contrôle et sans critique. Ces réserves paraissent d'autant plus fondées que les applications tentées en France avant la guerre ont abouti à des protestations ouvrières et à la grève.

En exposant le système Taylor, nous avons essayé de nous tenir aussi près que possible de la pensée de son auteur. Il convient maintenant de dépasser cet exposé analytique pour atteindre à l'étude objective de la méthode et de ses applications.

Ce qui a paru frapper le plus vivement le grand public et les spécialistes à la lecture du livre de

---

1. W. TAYLOR. *L'organisation scientifique des usines*, p. 79 et 80.

W. Taylor, c'est l'étude méthodique qu'il y fait du travail des porteurs de gueuses et les perfectionnements auxquels il aboutit.

Or, un tel travail — où l'homme est astreint à fournir un effort musculaire considérable — tend à disparaître par l'emploi des machines. Il y a donc lieu de s'étonner qu'un esprit aussi avisé que W. Taylor ait sacrifié tant de temps et de forces pour perfectionner une technique industrielle déjà périmée.

Le fait a été plus d'une fois affirmé, et il nous suffira pour montrer l'évolution rapide des techniques mécaniques et leur extension à toures les activités industrielles, de renvoyer à l'enquête faite par la Revue : « *La Technique moderne* ». Alors qu'au début du XIX° siècle, les appareils de levage usités ne comptaient guère que les leviers, les poulies, quelques treuils mécaniques, nous disposons maintenant d'appareils pneumatiques, hydrauliques, électriques, soulevant des charges de 200 tonnes et plus, déplaçant, transportant ces énormes fardeaux à des distances considérables pour les déposer à l'endroit déterminé avec autant de facilité et de précision que de douceur [1].

Pour le chargement des gueuses dans les hauts fourneaux, on se sert — entre autres systèmes — d' « aimants de levage » puissants qui « ramassent » les gueuses et les chargent sur les wagons. Nul doute que l'on ne puisse adapter aux usines de Bethlehem un procédé mécanique semblable. W. Taylor ne l'a

---

1. *Les appareils de levage, de transport et de manutention mécanique*, 1 vol. 180 p., 426 fig. Bibliothèque de la Technique moderne, fasc. IV, 1911.

pas tenté; nous ne lui en ferons pas grief, mais remarquons alors que l'un de ses arguments les plus frappants est emprunté à la réforme d'une technique en voie de disparition et qu'il y aura lieu, lorsqu'on appliquera ses principes à des travaux de nature différente, de considérer qu'ils sont autrement complexes et nécessitent l'intervention de méthodes fondées sur d'autres lois. A tous les « bœufs » — suivant le terme même que W. Taylor applique aux travailleurs qui chargent les gueuses — se substitue dans le travail moderne un mécanicien dont le rôle est de surveiller la machine. Tout autres seront donc les aptitudes professionnelles que l'on exigera de lui. Car son activité ne met plus en jeu les muscles, mais les facultés d'attention, de jugement, et exige une adaptation motrice d'un ordre nouveau. La fatigue qui résulte de son effort psychique continu ne saurait être assimilée à la fatigue musculaire.

Sans doute W. Taylor a entrevu, en étudiant le travail des trieuses de billes de bicyclette, l'importance des efforts d'attention dans les professions modernes; mais il n'a pas su déterminer la complexité, ni fixer les principes de ces travaux. On est d'ailleurs frappé que dans un livre où il s'est donné pour objet d'énoncer les *principes de l'organisation scientifique des usines*, il n'ait fait qu'une simple allusion au travail des mécaniciens, pour lequel il serait du plus vif intérêt de jeter les bases d'une organisation rationnelle.

Au contraire, il insiste vivement sur les travaux des manœuvres : porteurs de gueuses, travailleurs à la pelle, qui, certes, sont frappants pour la démonstration, mais il laisse exprès de côté les travaux d'ajustage qui exigent des aptitudes psychiques plus élevées. Il faut se reporter à ses publications antérieures pour trouver quelques éclaircissements sur ce point.

Si nous nous plaçons au point de vue de l'industrie moderne et des indications pratiques à tirer du système Taylor, nous pourrons ramener à trois les causes de son efficacité :

1° La sélection des ouvriers, par laquelle débute nécessairement toute application de la méthode;

2° Le surrendement imposé à l'ouvrier par le chronométrage et le mode de salaire;

3° L'ensemble des mesures administratives qui règlent dans toute l'usine l'emploi méthodique du temps et l'utilisation totale des forces mécaniques et humaines dont dispose l'entreprise.

Nous les examinerons chacune tour à tour afin d'en déterminer la valeur.

CHAPITRE III

L'ÉTUDE SCIENTIFIQUE DES MOUVEMENTS
ET LE CHRONOMÉTRAGE

L'idée de mesurer les gestes d'un ouvrier pour fixer la valeur de son travail n'est pas une innovation que W. Taylor doive revendiquer. Il a eu, dans cette voie, des précurseurs — d'ailleurs illustres — dont on doit rappeler les travaux.

Vauban, le premier, eut l'idée de régulariser la paye des ouvriers employés au charroi des terres dans la construction des forts. Un règlement établi en Alsace pour fixer le prix que les entrepreneurs devaient payer aux soldats chargés du transport et remuement des terres de fortification, ayant amené des réclamations, Vauban, pour trancher le différend, organisa des expériences qui fixèrent le rendement en fonction de la charge transportée et de la distance parcourue. C'est là, à notre connaissance, le premier essai expérimental d'établissement rationnel du prix des salaires [1]. On peut se rendre compte, en lisant ce

[1]. Nous n'avons pas eu en main le texte même de Vauban, mais, BELIDOR, dans son ouvrage : *La science des ingénieurs dans la conduite des travaux de fortification et d'architecture civile* (Paris, 1729, liv. III, p. 35 à 43), reproduit le texte intégral du règlement

mémoire, combien le précurseur de W. Taylor fut et précis et pratique.

Bélidor, inspiré sans doute par le mémoire de Vauban, a fixé, avec une précision remarquable, le temps des diverses opérations nécessaires pour l'enfoncement des pilotis. Sa méthode vaut d'être rapportée.

« On suppose qu'après avoir sondé le fond où l'on veut travailler, on a trouvé qu'il changeait de nature par 4 bancs différents, mais parallèles, sur la profondeur de 16 pieds de fiche : que le premier banc a 3 pieds de hauteur réduite, où la sonde s'est enfoncée de 15 pouces par volée de 30 percussions chacune, d'un mouton pesant 800 livres : que le second banc s'est trouvé de 6 pieds d'épaisseur, où la sonde s'est enfoncée de 6 à 9 pouces ; et de 2 à 3 seulement, lorsque la même sonde a rencontré des croûtes : qu'au troisième banc, d'environ 4 pieds 6 pouces d'épaisseur, la sonde ne s'est enfoncée que de 4 pouces par volée : enfin que le quatrième banc, où l'on se propose de faire entrer le pilot de 3 pieds, la sonde n'y a pu pénétrer que d'un pouce et demi par volée.

» Il faut une minute 20 secondes pour chaque volée de 30 percussions, autant pour reprendre haleine ; à quoi ajoutant 20 secondes pour le temps que l'on perd, font ensemble 3 minutes pour chaque volée.

primitif et des critiques et expériences de Vauban, et C. A. COULOMB, dans son *Mémoire sur la force des hommes*, fait à l'Académie Royale des sciences, le 24 février 1798 (p. 280), en reprend les données qu'il transcrit en mesures modernes.

» Pour déplacer la sonnette et mettre un pilot en situation d'être enfoncé. il faut.................... 18^{m}00

» Pour le dresser lorsqu'il est déversé et y mettre des toises.................... 6^{m}00

» Pour le premier banc il faut 2 volées et 12 percussions ; comme chaque volée produit un enfoncement de 15 pouces, il faudra donc pour traverser ce premier banc.................... 6^{m}32

» Pour le second banc il faut 14 volées et 12 percussions ; réduisant chaque volée à 5 pouces d'enfoncement, il faudra pour cette seconde opération .... 42^{m}32

» Pour le troisième banc il faut 13 volées et 15 percussions : que si l'on réduit chaque volée à l'enfoncement de 4 pouces, il faudra pour cette troisième opération.................... 40^{m}30

» Enfin pour le quatrième banc il faut 24 volées ; chacune enfonçant d'un pouce et demi le pilot, ce qui fait pour la quatrième opération.................... 72^{m}00

» TOTAL DU TEMPS.................... 185^{m}34

» Il suit donc que, pour enfoncer un pilot de 16 pieds de fiche dans un terrain tel qu'on le suppose ici, il faut 3 heures 5 minutes et 34 secondes.

» Si l'on bat les pilots jour et nuit, pour diminuer la dépense des épuisements, ce qui fait 20 heures de travail effectif, que nous réduisons à 18 heures 32 minutes et 24 secondes, à cause que la nuit les ouvriers se relâchent par l'accablement du sommeil,

on voit que chaque sonnette ne pourra enfoncer que
6 pilots dans les 24 heures.

» Une sonnette tirée par la force de 16 hommes,
payés chacun à raison de 20 sols par jour et autant pour
la nuit, conduits par 2 compagnons charpentiers qui
gagnent chacun 36 sols par jour et autant la nuit, ne
pouvant enfoncer que 6 pilots, l'un portant l'autre, le
battage de chacun reviendra à 6 liv. 10 s. 8 d. »[1].

On dira sans doute que ce procédé de fixation du
prix de la main-d'œuvre, qui tend à se généraliser
aujourd'hui dans toutes les industries, ne doit pas
être confondu avec le chronométrage à la Taylor, parce
qu'il ne vise pas à *imposer* à l'ouvrier des perfectionnements de technique professionnelle ; soit, mais
d'autres ont comblé cette lacune avant lui.

Etudier la valeur d'un geste au point de vue de sa
durée, de sa direction, de son adaptation à un but est,
pour le physiologiste, le moyen de perfectionner
l'activité musculaire des hommes. Il y a plus de
30 ans, Marey a créé la méthode qui permet cette
étude; et il l'a portée à un degré de perfection qui n'a
pas été dépassé depuis.

L'invention de la chronophotographie des mouvements, due à Marey, est parmi les plus fécondes de
notre temps, et l'on en conviendra aisément si l'on
se souvient qu'elle se confond avec l'invention du

1. BELIDOR. *Architecture hydraulique ou l'art de conduire,
d'élever et de ménager les eaux pour les différents besoins de la Vie.*
Seconde partie, tome I (Paris, 1750), chap. VI, p. 111 et 112.

cinématographe et de l'étude scientifique des mouvements humains dans le travail professionnel.

Nous ne pensons pas, en rappelant ces découvertes, révéler une vérité depuis longtemps tenue cachée; les travaux de Marey sont aujourd'hui universellement connus et il n'y a pas d'homme de science qui puisse ignorer son ouvrage devenu classique : *La Méthode graphique*[1], où tous ces faits sont rapportés dans un langage admirable de clarté.

Fig. 1. — Saut en hauteur. Les images se confondent quand le sauteur, retombé sur le sol, ralentit sa vitesse. A gauche de la figure est un cadran chronographique sur lequel une aiguille brillante fait un tour en une seconde. Le nombre des images de l'aiguille et l'angle qu'elle font entre elles font connaître le nombre et la fréquence des admissions de la lumière. (Figure et texte extraits de l'ouvrage de MAREY ; *La Méthode graphique. Développement de la méthode graphique par l'emploi de la photographie*. Paris 1885, fig. 23, page 33.)

1. *La Méthode graphique* avec un supplément : *Développement de la méthode graphique par l'emploi de la photographie*. Paris, Masson, 1885. Voir aussi : J. MAREY. *Le Mouvement*, Paris, in-16. 335 p.

On trouvera d'une part, dans *La Méthode gra-phique*, l'exposé du développement graduel par où les techniques expérimentales ont abouti à la *chrono-photographie* : l'analyse des gestes dans la marche, le saut, la course (fig. 1), et, d'autre part, dans les mémoires plus récents de Marey, ses idées relatives aux applications de ces méthodes à l'étude des mouvements dans l'activité professionnelle. « Dans les diverses professions manuelles, dit-il, l'utilisation la meilleure du travail de l'homme devra être soumise à des études du même ordre. On devra chercher à rendre l'application de la force plus égale et plus prolongée et, pour cela, des appareils précis devront être employés pour la mesure du travail dépensé. Déjà quelques-uns de ces appareils existent ; ainsi j'ai trouvé le moyen d'inscrire le travail dépensé à chacun des coups de rabot et chacun des coups de scie du menuisier. Le travail du coup de marteau du forgeron se prête aussi à des déterminations précises, et il n'est pas douteux que le jour où l'on abordera l'étude des diverses formes du travail professionnel, on découvrira les lois qui doivent régler la masse des divers outils, la longueur de leur manche et même les dimensions que chaque outil doit avoir suivant la taille et la force de celui qui l'emploie[1]. »

---

1. E.-J. MAREY. Travail de l'homme dans les professions manuelles. *Revue de la Société scientifique d'hygiène alimentaire*, 1904, p. 197.

Cf. L'économie de travail et l'élasticité. *La Revue des Idées*, 15 mars 1904, p. 161 à 177.

Sous son influence, et dans son Laboratoire du Parc des Princes, un ingénieur, M. Frémont, appliquait dès 1894 la même méthode à l'étude du travail du forgeron[1]. Il prenait des cinématographies donnant les vues successives du frappeur martelant directement « à devant » et du frappeur martelant « à la volée ».

A l'aide des données de cette inscription, il a tracé les trajectoires du marteau, celles de la main et des diverses directions du manche dans ces positions successives pour en déduire l'inclinaison.

L'étude complète du coup de marteau comportant la connaissance des efforts de la main de l'ouvrier et de leur distribution dans le fonctionnement du marteau, M. Frémont a complété ses recherches par le dispositif de l'inscription par des styles sur un cylindre enfumé.

On trouvera, dans le travail de M. Frémont, les applications qui résultent de ces études pour la technique du cloueur[2].

Dans ses divers travaux, M. Imbert a utilisé, avec une remarquable ingéniosité, la méthode graphique afin d'aboutir, par elle, à la solution de quelques problèmes relatifs au travail professionnel. C'est ainsi, par exemple, qu'il a étudié le travail des ouvrières qui débitent en boutures, au moyen du sécateur, les longs sarments de vignes américaines.

Chaque geste des ouvrières était inscrit au moyen

____

1. CH. FRÉMONT. *Etude expérimentale du rivetage*, mémoire publié par la Société d'encouragement pour l'Industrie nationale, Paris, 1906, et dans *Le Monde moderne*, Paris, 1895, p. 192.

2. Voir aussi son étude récente sur *La Lime*, 1 vol., 157 p., Paris, 1916

d'un dispositif adapté au sécateur. Grâce à ces recherches expérimentales, il a abouti à faire trancher — équitablement et d'un commun accord — un conflit soulevé par une question de salaires.

Son effort a porté sur d'autres professions et l'étude du travail du cabrouet peut, à juste titre, devenir classique.

Notre intention n'est pas d'étudier ici la valeur — qui est grande — de ces diverses recherches, mais de donner un aperçu des méthodes qui, en France, ont été suivies dans l'étude du travail professionnel. Nous passons sous silence des travaux qui présentent un intérêt majeur et dont l'examen nécessitera une étude spéciale.

On se référera utilement sur ce point au travail de M. Adrien Veber, dans son rapport sur le budget de l'Instruction publique, où l'œuvre de chaque savant français est signalée avec exactitude[1].

Voilà réalisées, semble-t-il, et la méthode et la technique d'une étude scientifique des gestes du travailleur. Si l'on n'a pas tiré de ces travaux les conséquences pratiques qu'ils comportent, et si la voie qu'ils avaient ouverte n'a pas été suivie par les continuateurs de Marey, c'est que les encouragements et les appuis matériels indispensables ont manqué[2]. La

---

1. *Rapport fait au nom de la Commission du Budget chargée d'examiner le projet de loi portant fixation du Budget général de l'exercice 1914 (Ministère de l'Instruction publique)*, par ADRIEN VEBER, député. Paris, imprimeur de la Chambre des députés, 1914, p. 50 à 61.

2. Voir sur ce dernier point : G. DEMENY. *L'éducation de l'effort*, Paris, 1914, p. 90.

connaissance de leurs travaux rend dès lors bien étonnante l'affirmation de W. Taylor, disant n'avoir trouvé chez nos physiologistes aucun renseignement digne d'être utilisé. Ceci indique que W. Taylor n'a pas poussé très avant l'investigation scientifique et que son étude des mouvements est loin d'être aussi précise que celles poursuivies chez nous. Ses recherches sur ce point se réduisent au chronométrage, c'est-à-dire à l'*étude des temps unitaires* par qui s'impose la rapidité du travail. Elles portent presque exclusivement sur des professions qui laissent peu de part à l'initiative du travailleur : manutention du minerai, des gueuses de fonte, travail des terrassiers, des maçons, donc en général sur des occupations de manœuvres.

On se rend compte, sans qu'il soit besoin de commentaires, que le coup de rabot de l'ébéniste, le coup de marteau du forgeron ou le coup de lime de l'ajusteur exigent des qualités étrangères au travail étudié par W. Taylor.

Laissant donc à l'écart ces qualités psychologiques, il s'est attaché à « mécaniser » les mouvements humains. Il s'est contenté pour cela d'en étudier la durée dans les conditions du travail industriel, durée qu'il suffit de réduire pour voir aussitôt augmenter le rendement.

Pour ses expériences, il s'est servi d'un simple chronomètre à aiguille trotteuse. Ce fait prouve que l'oubli dans lequel il a laissé les recherches de Marey est bien dû à l'insuffisance de sa documentation. De plus, un de ses plus fervents disciples, M. Gilbreth, qui s'est adonné à l'étude des mouvements dans toutes

sortes de professions, a adjoint le cinématographe à
ses procédés analytiques d'observation. Il cinémato-
graphie un ouvrier excellent, travaillant à toute allure
et, pour fixer la durée de tous les mouvements élémentaires, en même temps que son sujet il photographie
une aiguille marchant sur un cadran gradué qui
marque, selon sa vitesse, des fractions de seconde. Il
a donné à ce mécanisme le nom d'horloge de Gilbreth [1]
(fig. 2). Ce procédé a été inventé il y a 50 ans par

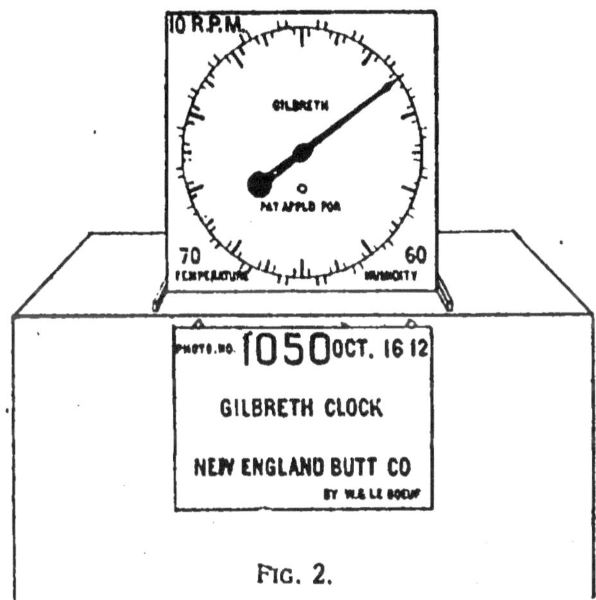

FIG. 2.

Marey, qui s'en est servi pour ses admirables études du
mouvement par la chronophotographie (fig. 1). On
trouvera ce dispositif reproduit dans son traité : *La
méthode graphique* et dans la Revue : *La Nature* [2],
de l'époque. On y trouvera aussi un exemple de cette

1. Voir par exemple *Boston Sunday Post*, 29 décembre 1912.
2. MAREY. La station physiologique de Paris. *La Nature*, n° 539,
p. 275 et suiv.

probité scientifique si rare de nos jours : les sources exactes auxquelles Marey a puisé son inspiration. On est un peu étonné que, même dans ses publications récentes, M. Gilbreth, obligé de convenir qu'il avait existé avant lui un savant du nom de Marey, dont l'admirable et méthodique activité s'était spécialisée dans l'étude des mouvements, puisse écrire : « Pour l'étude du mouvement, Marey, sans aucune idée des conditions actuelles de cette étude, développa comme un aspect de ses activités multiples une méthode d'inscription des mouvements, mais il ne réussit jamais dans son effort pour inscrire photographiquement la direction des mouvements »[1]. Pour émettre cette opinion, il faut méconnaître l'œuvre de Marey et la technique qu'il a créée, la *chronophotographie*, c'est-à-dire le moyen de prendre des séries de photographies à des espaces de temps égaux.

M. Frémont, pour les recherches dont nous avons déjà parlé, a employé aussi ce même dispositif; il a, dit-il, photographié les poses successives pendant le cycle complet d'un coup de marteau dans le martelage à la volée et à devant, « les espaces de temps qui séparent les différentes positions du marteau sont égaux et exactement enregistrés par le chronographe placé devant le billot de l'enclume. L'aiguille fait le tour du cadran en une seconde et demie[2]. »

---

1. FRANK B. GILBRETH et LILLIAN MOLLER GILBRETH, *Motions study and time study instruments of precision*, p. 5 (Brochure sans date ni origine).

2. CH. FRÉMONT. *Etude expérimentale du rivetage*. Paris, 1906, p. 8.

On peut d'autant moins passer sous silence le nom de Marey que la réputation de ce savant est devenue mondiale, au point que tous les Etats du monde entretiennent à Paris, au Parc des Princes, un Institut international — l'*Institut Marey* — qui a pour mission de continuer l'œuvre de ce grand physiologiste. Il convient de rappeler l'importance de ses travaux chaque fois qu'il s'agit de faire intervenir la physiologie et de donner aux méthodes de laboratoire la place qu'elles doivent occuper dans l'étude rationnelle de l'activité professionnelle.

Nous pourrions rapprocher encore la méthode d'inscription photographique des mouvements que Gilbreth a exposée récemment, non seulement des dispositifs similaires de Marey, mais du procédé imaginé il y a quinze ans par M. Gagnière, l'un des collaborateurs du Dr Imbert. J. Gagnière a appliqué ce procédé à l'étude des divers éléments cinétiques du réflexe rotulien. En plaçant au point à étudier une lampe électrique de modèle réduit, il photographiait le sillon lumineux déterminé par le déplacement du point et par suite de la lampe. Un obturateur à vitesse connue, ou calculable avec précision, permettait de transformer le sillon continu en une ligne de points dont chaque élément servait de repère pour le calcul de la vitesse de chaque partie de la courbe enregistrée. Le travail de J. Gagnière lui a fourni le sujet de sa thèse de médecine : *Nouvelle méthode d'inscription des divers éléments du réflexe rotulien*, Montpellier, 1904. De son côté, Gilbreth a introduit quelques modifications qui en ont fait un dispositif plus « industriel », mais celui de Gagnière reste plus scientifique et plus précis.

A cette réserve près, les travaux de Gilbreth sont intéressants et doivent aboutir à une utilisation industrielle.

W. Taylor ne s'est pas servi pour l'étude de la durée des mouvements des méthodes et des découvertes déjà réalisées dans les laboratoires scientifiques, il n'a fait que perfectionner les procédés depuis longtemps en usage dans l'industrie métallurgique.

Les méthodes modernes de fixation des salaires nécessitent, en effet, la connaissance exacte du temps employé pour faire un travail. Dans tous les établissements métallurgiques, on mesure ce temps avec soin. Voici le plus souvent comment on procède.

Lorsqu'une pièce nouvelle doit être construite, le contremaître évalue, d'après les données de son expérience, la durée de l'usinage. Si son expérience fait défaut, il travaille lui-même et détermine par le chronométrage la durée du travail en question. Puis, si le travail doit être fait « en série », il fait subir une diminution de 10 pour 100 au temps précédemment établi.

Cette méthode n'a pas une précision parfaite au point de vue du temps d'usinage, mais elle donne une approximation suffisante et laisse à l'ouvrier une certaine liberté d'allure dans son travail, liberté qui ne va pas sans de nombreux avantages.

W. Taylor a pensé qu'en supprimant cette liberté dans le travail on pouvait réaliser une économie de temps, c'est-à-dire faire servir au travail utile tout le temps que l'ouvrier passe à l'usine, à quelques 1/100ᵉ de minutes près. L'expérience lui a donné raison.

Au lieu de mesurer le temps global employé à faire une besogne, *il a décomposé le travail en mouvements élémentaires utiles, chronométrés individuellement*, et dont le total donne le temps réel qui doit être accordé à l'ouvrier.

L'économie ainsi réalisée est saisissante; mais, à la condition que l'on ne considère que des occupations exclusivement manuelles. C'est, en effet, une chose curieuse que les exemples suggestifs dont se sert W. Taylor soient empruntés à peu près exclusivement à de grossiers travaux de manutention.

Voici, par exemple, des manœuvres qui doivent prendre des blocs de fonte coulés en saumon, appelés gueuses, les transporter sur un parcours d'une dizaine de mètres, soit en palier, soit sur plan incliné et les déposer dans un wagon. Ces gueuses pèsent 45 kilogrammes. Lorsqu'on laisse à un manœuvre la direction de son travail, il charge de 12 à 15 tonnes de fonte par jour. Après le chronométrage, il en charge de 47 à 48.

Pour obtenir ce résultat, deux employés spéciaux ont, pendant deux ans, noté en 1/100ᵉ de minutes la durée de chaque mouvement élémentaire : enlèvement d'un fardeau du sol, marche avec la charge en palier ou en rampe (temps en minute par mètre), dépôt du fardeau à terre ou sa projection sur un tas et retour sans charge. On a établi ensuite des moyennes, grâce auxquelles on formule les règles du travail à imposer aux ouvriers.

W. Taylor nomme ces règles *lois* et en étend la

valeur aux travaux où la capacité de production est limitée par la fatigue, c'est-à-dire, d'après lui, à tous les travaux musculaires.

Il n'est pas surprenant que cette méthode de régler la main-d'œuvre ait trouvé ses meilleures applications dans les industries du bâtiment, où la plupart des travaux relèvent de la manutention. Grâce à M. Sanford E. Thompson, ingénieur à Newton-Highland (Massachussets), l'étude du terrassement, de l'extraction de la pierre, de la maçonnerie de pierre, de briques, de béton et de ciment, de la charpente, bref de toutes les formes variées de cette industrie, fut conduite à bonne fin, dans un temps relativement court.

Lorsqu'il s'agit, par exemple, du terrassement à la brouette, le chronométreur, pour faire les observations, se sert d'un pupitre portatif sur lequel sont fixées les feuilles de notes et des chronomètres qui sont facilement dissimulés à l'ouvrier.

Sur la feuille d'observation sont portées toutes les indications utiles. C'est un minutieux memorandum, comme le montre le tableau de la page 58 [1].

On remarquera que ce tableau est divisé en quatre parties, chacune d'elles correspondant à des éléments distincts de l'étude. En haut, à gauche, est portée la description du travail. En bas, à gauche, les temps

---

1. Ce tableau est pris dans la traduction française du livre de W. TAYLOR : *La direction des ateliers*, p. 96, où, donné sous forme de reproductions de l'original des feuilles d'observations, il est peu lisible. Nous faisons donc toutes réserves sur l'exactitude des chiffres rapportés; d'autant plus que ces chiffres ne nous semblent pas rigoureusement établis. Ce qui importe pour nous, c'est plus de connaître la méthode suivie que le résultat d'une seule application.

Opérations : Brouette. Excavation.
Travail : Construction.
Homme : X...
Matériaux : Sable ameubli.
Outils : Pelle n° 3. Brouette.
Conditions : Travail de jour. Construction.
Charge moyenne d'une brouette de sable : $0^{m3},065656$.
d'argile : $0^{m3},060845$.

TEMPS	OPÉRATIONS COMPLÈTES	TEMPS TOTAL en minutes	TEMPS pour PIOCHAGE	TEMPS PELLETAGE et TRANSPORT	TEMPS CHARRIAGE par brouette
7 h. m.	Com^t de la charge de sable...	»	»	»	»
9,02	43 charges sur $15^m,25$..........	122	»	122	2,81
9,50	Piochage de l'argile dure.....	48	»	»	»
11,39	29 charges sur $15^m,25$.........	100	»	»	»
11,46	Piochage de l'argile dure.....	7	5,5	»	1,67
12,01	4 charges sur $15^m,25$..........	15	»	12,4	3,76
		301			

Remarque. — Le rapport des temps pour les opérations complètes et les opérations isolées montre que, environ 27 pour 100 du temps complet est employé pour le repos et les arrêts nécessaires.

OP.	TEMPS	MOY.	NOMBRE DE PELLETÉES	OP.	TEMPS	MOY.	NOMBRE DE PELLETÉES	OP.	TEMPS	MOY.	NOMBRE DE PELLETÉES	OP.	TEMPS	MOY.	NOMBRE DE PELLETÉES
a	1,37	1,37	15	a	1,12	1,12	12	a'	1,86	»	11	»	»	»	»
b	1,56	0,19	»	b	1,39	0,27	»	a'	1,81	»	13	»	»	»	»
c	1,82	0,26	»	c	1,58	0,19	»	a'	2,14	»	16	»	»	»	»
d	1,97	0,15	»	d	1,70	0,12	»	a'	1,99	»	14	»	»	»	»
e	2,27	0,36	»	e	1,92	0,22	»	»	»	»	»	»	»	»	»
f	2,36	0,09	»	f	2,05	0,13	»	»	»	»	»	»	»	»	»
a	1,24	1,24	13	a	1,21	1,23	13	»	»	»	»	»	»	»	»
b	1,36	0,12	»	b	1,38	0,15	»	»	»	»	»	»	»	»	»
c	1,59	0,23	»	c	1,60	0,22	»	»	»	»	»	»	»	»	»
d	1,83	0,24	»	d	1,78	0,18	»	»	»	»	»	»	»	»	»
e	2,04	0,25	»	e	2,05	0,27	»	»	»	»	»	»	»	»	»
f	2,33	0,25	»	f	2,23	0,18	»	»	»	»	»	»	»	»	»

DÉTAIL DES OPÉRATIONS	NOMBRE D'OBS.	UNE BROUETTÉE	UNE PELLETÉE	PELLETÉES par BROUETTES	BROUETTÉE sur $30^m,5$
a. Remplissage de la brouette avec du sable..................	4	1,240	0,094	13,2	»
b. Départ..................	4	0.182	»	»	»
c. Voyage de la brouette pleine sur $15^m,25$...	4	0,225	»	»	0,450
d. Renversement et redressement de la brouette..................	4	0,172	»	»	»
e. Retour de la brouette vide sur $15^m,25$.........	4	0,260	»	»	0,520
f. Arrêt et commencement du pelletage....	4	0,162	»	»	»
		2,241			
a' Remplissage de la brouette avec l'argile..................	4	1,848	0,144	13,5	»

Observateur : Y...

globaux de chaque opération ; en bas, à droite, les valeurs moyennes des temps élémentaires que l'on déduit du tableau du haut à droite.

Les lettres *a b c d e f* de ce dernier tableau correspondent aux opérations élémentaires.

Dès que l'ouvrier commence son travail, on fait partir l'aiguille du chronomètre ; on note la division devant laquelle elle passe à chaque fois que l'ouvrier va d'un élément à l'élément suivant. Si les éléments sont de trop courte durée, on en bloque plusieurs et on divise la valeur relevée par le nombre d'éléments ainsi réunis. Les durées élémentaires s'inscrivent dans la colonne « Temps », en haut et à droite. Les moyennes sont placées dans la 3ᵉ colonne (moy.). Le total de ces moyennes est porté dans la deuxième colonne du tableau du bas, à droite. La première colonne indiquant le nombre d'observations, on peut déduire, par un calcul très simple, la durée moyenne d'une opération élémentaire. Or, le total des temps élémentaires n'est pas identique au temps total d'un même travail porté dans le tableau du bas, à gauche ; dans ce dernier cas, il s'introduit des arrêts ou repos nécessaires : *les temps morts.* Le pourcentage de ces temps est, pour une brouettée, dans des conditions déterminées, de 27 pour 100.

A l'aide des chiffres portés sur la feuille d'observation, on déduit la durée obligatoire du travail considéré, c'est-à-dire le temps nécessaire pour ameublir et charger la terre, la transporter à une distance fixée, quand un homme seul est chargé de ce travail.

Soit B le temps à déterminer.

a, le temps employé pour remplir la brouette.

b, le temps employé à se mettre en marche.

c, le temps employé à rouler la brouette pleine sur une distance de 10 mètres.

d, le temps de la faire basculer et de la retourner.

e, le temps pour faire 10 mètres avec la brouette vide.

f, le temps de poser la brouette et de se préparer à pelleter.

p, le temps employé pour ameublir à la pioche 1 mètre cube de matière.

P, le pourcentage du temps employé par jour en repos et arrêts nécessaires.

L, la charge d'une brouette en mètre cube.

D, la distance parcourue.

α, une constante.

Du rapport que ces opérations partielles soutiennent entre elles en fait, on déduit l'égalité :

$$B = \left(p + \left[a + b + d + f + \frac{D}{10}(c + e) \right] \frac{\alpha}{L}(1 + P) \right)[1].$$

Si les éléments qui composent cette formule sont exactement mesurables et si les rapports qu'ils soutiennent sont fondés dans les faits, la formule exprime bien une loi qui s'impose au travail du terrassier.

Or, ici, quelques critiques interviennent.

La plupart des éléments sont effectivement mesurables, bien qu'une part d'erreur soit toujours impu-

---

1. En effectuant, avec les données de la feuille d'observation reproduite plus haut, on trouve que pour transporter 1 mètre cube de sable à 10 mètres il faut 25 minutes.

table à l'observateur dont l'attention est, par nature, oscillante [1]. Cependant, comme on établit des moyennes, nous pouvons admettre l'exactitude suffisante des chiffres déduits. Il faut toutefois signaler ici que l'application de la méthode graphique par inscription continue eût donné des résultats infiniment supérieurs à ceux des moyennes. C'est l'innovation capitale faite par Marey et par Imbert, ignorée de W. Taylor, qui, outre son exactitude supérieure, aurait permis des recherches plus simples, moins coûteuses, plus brèves.

Admettons comme suffisamment exactes les moyennes établies par le chronométrage. Mais il est un élément qui échappe entièrement à la mesure, c'est le repos nécessaire au cours d'un travail. W. Taylor s'en rapporte, dira-t-on, à l'avis du travailleur. Cet avis est sans valeur scientifique. Non seulement l'ouvrier peut tromper l'observateur, mais chose plus grave, en raison des conséquences lointaines de la fatigue, il peut se tromper lui-même. Et, en effet, nous pouvons affirmer qu'il se trompe souvent. W. Taylor choisit toujours d'excellents ouvriers, actifs, volontaires qui désirent gagner beaucoup. Il se déduit de son texte que ces ouvriers sont élevés au-dessus d'eux-mêmes par des primes alléchantes : « quand un ouvrier de premier ordre, dit-il, est chronométré, il est sage de lui allouer un supplément de salaire [2] ». C'est d'ailleurs sur des

1. Dans l'enquête faite récemment aux Etats-Unis par M. Hoxie, il a été constaté que 17 causes d'erreurs intervenaient dans cette opération.

2. *La Direction des ateliers*, p. 110.

records de temps de travaux antérieurement faits qu'il fixe le temps accordé et le prix alloué.

Certes, les ouvriers excellents gagneront davantage, mais pourront-ils maintenir l'allure imposée durant toute la durée de leur vie, comme l'exprime W. Taylor dans la partie philosophique de son œuvre?

Si le problème du temps de repos nécessaire était résolu, la formule serait exacte, soit, mais elle ne le serait que pour un seul homme dans le cas d'une observation unique, ou pour un groupe homogène, dans le cas de plusieurs observations.

Il faut que le groupe des travailleurs chronométrés soit formé des meilleurs ouvriers de l'entreprise, sans quoi les moyennes établies feraient diminuer la valeur du travail. Ce serait, certes, un moyen équitable de diminuer les chances de surmenage, mais le système Taylor n'y trouverait pas son expression exacte. Aussi W. Taylor se préoccupe-t-il beaucoup du problème de l'extension de sa formule au travail des ouvriers « moyens ».

« La plus grande difficulté peut-être, dit-il, c'est le fait qu'il n'y a pas deux ouvriers travaillant à la même vitesse [1]. » Or, il nous informe qu'il cherche toujours « les meilleures vitesses d'un excellent ouvrier »; il est simple ensuite, ajoute-t-il, de trouver le coefficient de réduction à appliquer à ce maximum pour un ouvrier moyen.

En raison des différences individuelles qui se marquent avec d'autant plus de netteté que l'étude des

1. *La Direction des ateliers*, p. 110.

sujets est plus précise, il nous apparaît que ce coefficient de réduction est une méthode empirique sans grande valeur. W. Taylor en fournit lui-même la preuve. Comme il l'a dit à plusieurs reprises « la différence entre la meilleure vitesse d'un excellent ouvrier et la vitesse réelle d'un ouvrier moyen est très grande. L'une des principales difficultés qui se présentent pour l'empoyé chargé de fixer les tâches journalières est de choisir la limite sage de la besogne à imposer. Doit-on fixer cette besogne comme pour un excellent ouvrier? Sinon, à quel point doit-on s'arrêter entre l'excellent et l'ouvrier moyen? »

« Il est un fait clair, ajoute-t-il encore, c'est que ce point doit toujours être *bien au-dessus de la production d'un ouvrier moyen*, car si on leur offre une bonification, les ouvriers feront toujours mieux qu'ils n'auraient fait sans ce stimulant [1]. »

On se rend compte par ce fait de l'appel constant à la surproduction qui constitue le fond original de l'œuvre de W. Taylor qui, à vouloir être une méthode extrêmement précise, perd de sa valeur.

Mais où le caractère factice de la formule apparaît mieux encore, c'est quand on remarque que des facteurs autres que la valeur des ouvriers chronométrés influent sur la fixation du rythme du travail. Les plus importants viennent, comme le dit W. Taylor, des ressources locales en main-d'œuvre. Il s'en suit que les ouvriers des centres populeux devront fournir pour *le même salaire* un effort beaucoup plus considérable [2].

---

1. *La Direction des ateliers*, p. 115.
2. *La Direction des ateliers*, p. 116.

Ce sont donc tous les éléments de la formule qui doivent, pour des raisons de recrutement, subir une diminution qui se fixe arbitrairement.

En ce qui concerne le travail à la pelle, W. Taylor a sélectionné et chronométré les mouvements nécessaires pour renverser la pelle, lancer la charge à des distances et à des hauteurs données, afin de combiner les hauteurs et les distances du jet. Ce sont là des recherches du plus haut intérêt, susceptibles d'apporter à la technique du travail manuel d'heureuses améliorations. Mais, ne l'oublions pas, à ces techniques manuelles tendent très rapidement à se substituer des techniques mécaniques, à coup sûr très supérieures. Or, comme nous l'avons déjà indiqué, c'est à ces modes de travail périmés que le chronométrage s'applique de la façon la plus utile, en vue de perfectionner leur technique et sur lesquels W. Taylor et ses commentateurs établissent leurs raisonnements les plus suggestifs.

Il serait donc de la plus grande importance de posséder tous les détails du calcul des formules par le chronométrage dans la partie des industries métallurgiques où l'ouvrier ne s'occupe pas de manutention. Bref, ce qu'il faudrait bien connaître, c'est la manière dont s'est faite l'application du système aux « Compagnons » et non plus aux manœuvres. Sur ce point W. Taylor nous dit simplement que le travail manuel sur les machines-outils comporte des observations analogues à celles du terrassement et il nous donne le tableau où les opérations élémentaires sont portées [1].

1. *La Direction des ateliers*, p. 108 et 109.

On y voit effectivement un très grand nombre d'opérations se répartissant sous les rubriques générales : transport de la pièce, mise en place de l'outil, mise en place de la pièce, travail manuel supplémentaire, enlèvement de la pièce, etc... En face de chaque opération de détail se trouvent deux colonnes : l'une est réservée aux temps alloués, l'autre aux temps réellement pris pour effectuer le travail. Comme ce tableau n'est accompagné d'aucun commentaire on ne voit pas clairement comment s'établit la formule qui doit régir ce genre d'occupations.

Un autre tableau[1], relatif au travail sur les tours, renferme une partie intéressante, celle qui a trait aux opérations de l'usinage proprement dit. Tous les travaux possibles à exécuter sur le tour y sont portés et, en face de chacun, on trouve les instructions suivantes : vitesse, avance, profondeur de coupe, outil, dimensions, durée. Ceci constitue donc un mémorandum, une sorte de guide où, entre autres indications, la durée de chaque opération est portée. De règle absolue pour ces travaux, il n'en existe point. Et cela se comprend si l'on songe à leur variété et à leur complexité. La seule méthode que l'on puisse suivre, c'est de faire travailler au tour un ouvrier habile et robuste pendant un temps relativement court, de fixer la durée moyenne du travail et de dire à l'ouvrier qui prend la suite : « Allez-y : il faut en moyenne *x*

1. *La Direction des ateliers* (tableau V), p. 112.

minutés pour faire une pièce, vous avez *n* pièces à faire, le temps qui vous sera payé sera *xn*. »[1]

Cependant si W. Taylor ne donne pas ses formules de l'activité humaine appliquée aux travaux de mécanique, il a pu tirer du chronométrage de ces travaux les éléments d'une découverte du plus haut intérêt : la règle à calcul. Nous avons déjà dit en quoi elle consistait. Pour se rendre compte de l'économie de temps qu'elle fait réaliser, il faut s'imaginer les tâtonnements, les efforts perdus, les allures défectueuses qui sont supprimées par son emploi. Les renseignements fournis par la feuille d'observation du tournage : vitesse, avance, profondeur de coupe, sont donnés par elle mécaniquement et d'une manière parfaite et presque instantanée.

Cette découverte à laquelle ont collaboré divers mathématiciens ne saurait cependant être confondue, ainsi que le fait W. Taylor, avec l'application du chronométrage à la machine humaine. La création de la règle à calcul est un perfectionnement de l'outillage; le chronométrage de la main-d'œuvre est une méthode

---

1. C'est ainsi que l'on opérait à l'usine de constructions d'automobiles de Billancourt. Aussi la grève y a-t-elle éclaté, parmi un personnel de grande valeur et jusqu'ici soumis. Nous ne savons pas si M. W. Taylor détermine les rapports du temps global au temps réel. En tout cas, un élément lui manque pour établir sa formule sur les bases de celle des terrassiers, c'est la durée des repos intercalaires. Ici, l'activité de l'ouvrier n'est pas limitée par sa résistance musculaire, mais par un facteur dont W. Taylor ne.parle jamais et qu'à l'usine Renault dont nous parlons plus haut, ainsi qu'on nous l'a personnellement affirmé au moment de la grève, on veut négliger : la fatigue nerveuse.

qui doit tenir compte de facteurs psychologiques et sociaux.

On se rend donc aisément compte que le chronométrage des temps élémentaires aboutissant à des formules qui règlent le travail humain, n'est applicable qu'aux travaux du manœuvre. Le travail du mécanicien, lorsqu'il comporte des opérations intellectuelles complexes, des efforts psychiques soutenus, doit y échapper dans l'état actuel de nos connaissances physiologiques et psychologiques.

Cependant W. Taylor a tenté de l'appliquer à l'étude des travaux qui nécessitent peu d'efforts manuels mais une attention vigilante. Pour organiser le travail des femmes employées au triage des billes de bicyclette, on note au chronomètre le temps nécessaire pour accomplir chaque partie de la vérification et « établir les conditions exactes dans lesquelles une ouvrière peut travailler le mieux et le plus rapidement, tout en évitant la fatigue et le surmenage. Cette enquête montra, dit-il, que les ouvrières passaient la plus grande partie de leur temps à flâner plus ou moins, à bavarder, ou même à ne rien faire [1] ».

En l'espèce, le chronométrage ne dut pas fournir d'indications bien précises puisqu'il semble ressortir des détails rapportés par W. Taylor que d'autres mesures d'ordre psychologique durent être introduites. Ce fut d'abord un choix fondé sur la rapidité du temps de réaction des ouvrières qui élimina toutes les mauvaises, l'isolement imposé qui les priva des

---

1. *Principes d'organisation scientifique des usines*, p. 103.

occasions de causerie, enfin une surveillance constante et une stimulation à surproduire. C'est donc plus par la sélection et la surveillance que par le chronométrage que furent obtenus les résultats.

Nous pouvons maintenant marquer ce qui fait la caractéristique du chronométrage dans le système Taylor.

Le chronométrage des mouvements élémentaires est l'idée originale du système, qui marque une très grande différence avec le chronométrage global jadis en usage. Non seulement il permet de mieux connaître la technique manuelle, mais encore il fournit les éléments d'équation qui constitue pour W. Taylor la loi du travail considéré.

W. Taylor ne manque pas d'insister sur l'importance du chronométrage des temps élémentaires, et il prend soin de le distinguer du chronométrage global. Il remarque et regrette que, lorsqu'en 1895 il communiqua à la Société des Ingénieurs américains son mémoire sur : *un système de tarif aux pièces*, on n'ait fait attention qu'au système de tarif différentiel qu'il y développait et que l'étude des temps élémentaires dont il faisait l'objet principal de son mémoire ait passé inaperçue. Cette étude des temps élémentaires, dit-il, est la base du succès dans la direction[1].

W. Taylor se méfie des erreurs qui peuvent se glisser dans l'étude des temps. Il veut que ce soit la direction qui se charge de cette étude. Elle doit la faire pour tous les travaux manuels, y compris la mise en place des

_____

1. *La Direction des ateliers*, p. 29.

pièces sur les machines, le travail à l'établi ou à l'étau, la manutention, etc... Et il précise. « Pour chaque opération particulière, ce renseignement doit être obtenu en additionnant les divers temps élémentaires dont elle se compose; pour faire ce travail, les employés qui en sont chargés doivent naturellement se tenir au courant des meilleures méthodes et dispositifs à appliquer et fréquemment prendre l'avis des agents d'exécution chargés du travail dans l'atelier, ainsi que du préposé au service des types et de l'entretien. L'étude effective des temps unitaires forme, par conséquent, le principal travail de ce service [1]. »

« L'art de l'étude des temps unitaires, ajoute-t-il ailleurs, est tout aussi important et difficile que l'art du dessinateur. Il doit être entrepris sérieusement et regardé comme une profession [2]. »

Dans un travail publié récemment, M. M.-J. Audouin [3] rapporte que les méthodes en vigueur pour l'évaluation des temps élémentaires ne lui ont jamais donné satisfaction. Il reproche à ces méthodes d'être longues, coûteuses.

Même aux Etats-Unis, en 1902-1903, les expériences auxquelles il a assisté ne lui ont pas donné satisfaction. Quant au système Taylor, il le juge ainsi : « Quelques années plus tard, les communications du regretté Taylor à la société américaine des Ingénieurs mécaniciens

---

1. *La Direction des ateliers*, p. 69.
2. *La Direction des ateliers*, p. 95.
3. M. J. AUDOUIN, *Recherches sur l'évaluation rapide des temps élémentaires des travaux mécaniques. Bul. Soc. Enc. Ind. Nat.* Sept.-oct. 1919, p. 145-154.

apportèrent des précisions quant aux lois dont dépendent les allures maxima possibles dans le chariotage des grosses pièces de tour et les travaux du même genre. Cependant, ni les méthodes de calcul indiquées par Taylor et ses collaborateurs, ni les règles à calcul à coulisseaux multiples ou appareils similaires, ni les diagrammes logarithmiques et autres n'ont apporté le moyen facile et rapide permettant de généraliser l'estimation préalable ».

Pour vaincre ces difficultés, M. Audouin propose une organisation insoupçonnée de Taylor et, pouvons-nous dire, en opposition avec ses idées mêmes qui furent toujours basées sur le principe de la concurrence et non sur celui de la collaboration. M. Audouin propose donc d'unifier la marche des machines selon les règles simples étudiées actuellement par la commission permanente de standardisation. Il prend pour base de l'unification des avances et des vitesses une progression géométrique décimale qui, en outre de ses avantages pour le calcul rapide des temps élémentaires, faciliterait la construction des machines-outils.

Ces deux méthodes de chronométrage : le chronométrage global et le chronométrage des temps élémentaires, semblent peu éloignées en apparence l'une de l'autre, et cependant elles ont des effets très différents au point de vue de la fatigue.

Il faut avoir observé la tenue des grands établissements métallurgiques et avoir vu l'ordre qui y règne, la limitation des gestes de chaque ouvrier, l'attention constante dont ils font preuve, pour comprendre que, *volontairement*, l'homme cherche à donner son maximum d'effort utile.

Si l'on applique le chronométrage méticuleux de W. Taylor qui, d'après les indications de l'ingénieur américain, fait bénéficier l'entreprise d'un rendement tellement accru, on se demande comment la machine humaine, dont chacun connaît les oscillations physiologiques, pourra s'adapter à une activité aussi soutenue.

Si paradoxale que l'affirmation puisse paraître, et nous ne pensons pas qu'aucun psychologue ou même physiologiste puisse nous contredire, c'est l'ancien chronométrage qui est relativement plus rationnel que celui de W. Taylor. Le premier tient compte d'éléments dont le second se désintéresse; il en tient compte de façon empirique, il est vrai, mais il évite l'erreur fondamentale d'un système qui ne demande pas à la physiologie du muscle, à la psychologie de l'attention et de l'action les règles d'une utilisation à la fois complète et hygiénique du moteur humain. W. Taylor, en effet, pour un but donné sélectionne les gestes utiles, mesure leur durée minima et impose à l'ouvrier l'obligation de les accomplir pendant tout le temps de sa présence à l'usine.

Le chronométrage méticuleux a pour effet de contraindre l'ouvrier à un travail efficace continu, c'est-à-dire de supprimer les repos intercalaires. Mais ici, une considération s'impose. L'influence de cette continuité de l'attention ou de l'effort physique varie avec le travail à accomplir. L'ouvrier qui surveille une raboteuse peut, la plupart du temps, diriger deux machines en raison de la lenteur du travail. Celui qui fait de grosses mortaises accomplit un effort peu fatigant pour la même raison. L'influence de la fatigue n'est à considérer que lorsque la machine doit être surveillée sans arrêts et lorsque des mouvements rapides du travailleur en règlent la marche comme, par exemple, dans le travail du perçage. Nous avons observé un ouvrier qui, dans un temps très bref, quelques secondes, devait placer la pièce sur le plateau, mettre la mèche en regard du point à percer, la faire descendre, lui donner le mouvement, suivre avec attention le vernier qui indique l'arrêt, arrêter la machine, vérifier le travail avec le calibre... Cette série de mouvements et d'efforts d'attention rapides nécessitait certainement une dépense de force pour laquelle une réparation presque immédiate s'imposait.

Il en est de même, nous semble-t-il, pour cet ouvrier qui redressait des bagues de roulements à billes et qui en 40 secondes environ faisait les gestes suivants :

1. Prendre la pièce;
2. La placer;
3. Donner le courant électrique;
4. Mettre en marche (avant ou arrière);
5. Embrayer le plateau;
6. Faire monter la pièce;
7. Débrayer;
8. Couper le courant;
9. Enlever la pièce.

Tous actes qui nécessitent à des degrés variables un effort d'attention et un jugement.

On conçoit que, selon les cas, les effets du chrono-métrage puissent être variables. Parfois il se borne à un perfectionnement de la technique sans dépasser les limites du travail normal, d'autres fois il oblige l'organisme humain à s'adapter à des conditions d'activité qui, du point de vue psycho-physiologique, sont normales.

De là, deux conditions bien différentes à établir pour le travail scientifiquement organisé.

Dans le premier cas, aucune intervention ne paraît nécessaire, mais dans le second cas le contrôle du biologiste est indispensable. C'est à lui, en effet, qu'il appartient de déceler les signes objectifs de la fatigue, et de déterminer la durée des repos intercalaires.

Cette remarque doit aussi, à notre avis, apporter un facteur nouveau dans l'établissement des règles du travail industriel : la durée du repos physiologique nécessaire.

Le chronométrage n'a pas pour seul effet de contraindre l'ouvrier à aller vite en besogne; il peut aussi, et cela ressort de ce qui précède, perfectionner la technique. C'est surtout vers ce but qu'ont tendu les recherches de Marey et de Imbert. Tous deux ont voulu connaître les gestes efficaces, les utiliser à l'exclusion des autres, de manière à adapter exactement l'activité professionnelle à ses fins pratiques.

Pris avec le sens plus étroit que lui a donné W. Taylor, le chronométrage perfectionne le travail professionnel dans un seul de ses éléments, *la rapidité*.

L'observation directe à laquelle nous nous sommes livré nous a montré que les autres éléments, la qualité, le fini, la perfection et même l'ingéniosité dans la manière de faire un travail déterminé, ne peuvent gagner à ce système.

Dans toutes les usines où nous interrogions les ingénieurs sur l'effet du travail intensifié au point de vue technique, il nous était répondu : « Nos ouvriers sont des artistes » ou bien « nos ouvriers sont des créateurs » et tous s'accordaient à reconnaître que l'émulation dont les ouvriers qualifiés font preuve dans la manière d'attaquer un travail nouveau, de conduire les opérations nécessaires, est un moyen efficace de perfectionner la technique. Aussi le système Taylor qui semble jouir d'une assez grande faveur dans les usines en ce qui concerne les travaux de manutention y paraît à des ingénieurs perspicaces peu applicable, pour la raison que l'initiative individuelle n'y trouve pas sa part.

Mais ici une remarque s'impose. Les observations auxquelles nous nous sommes referé jusqu'ici ont été faites dans des usines importantes où l'organisation était assez forte pour que l'ouvrier se trouvât encadré et psychologiquement entraîné à travailler de façon continue, en raison du bon fonctionnement général des ateliers.

D'autres observations, faites depuis dans des ateliers de moindre importance et jusque dans des ateliers de famille, nous ont convaincu que l'organisation générale y est rarement assez puissante pour entraîner, de façon presque automatique, l'ouvrier à produire des efforts réguliers. La distraction, la causerie y sont — pour des raisons qu'il ne nous est pas possible d'étudier ici —

aisées et presque fatales. C'est dans ces ateliers que, par une éducation professionnelle éclairée, on devrait donner à chaque ouvrier et même au patron, la conscience des bienfaits du travail méthodique. Il faudrait que chacun y comprît la valeur de l'économie des gestes et des paroles et de l'agencement rationnel de l'outillage.

Là, moins qu'ailleurs, le système Taylor ne peut être intégralement applicable; mais l'étude des gestes, le dressage attentif du travailleur devraient y être usuels.

La petite et la moyenne industrie ont tout à gagner à l'emploi des méthodes de Marey, de Imbert et de Gilbreth, plus scientifiques que celles de Taylor.

CHAPITRE IV

LA SÉLECTION PROFESSIONNELLE

W. Taylor évalue la besogne à imposer à chaque travailleur, grâce au rendement fourni par un ouvrier exceptionnel. Il nous décrit en détail le porteur de gueuses type qui lui a servi — peut-on dire — d'étalon pour fixer le travail humain.

« C'était un petit homme de Pensylvanie, d'origine hollandaise, qui rentrait chez lui tous les soirs, à un mille à peu près de l'usine, en courant aussi allègrement qu'il venait le matin. Avec un salaire de 5 fr. 75 par jour, il avait réussit à acheter un lopin de terre et avait entrepris la construction d'une petite maison dont il élevait les murs le matin avant de partir au travail et le soir après son retour : il passait pour être excessivement avare et pour attacher une valeur énorme à l'argent; un homme à qui on en parlait disait de lui : « Un sou lui semble gros comme une roue de charrette[1] ».

Un tel homme est apte à se plier à toutes les exigences; il n'y manqua pas. Mais combien s'en trouverait-il qui puissent témoigner d'une force physique équivalente? Sur les 75 hommes de l'équipe, W. Taylor en trouva à peine 1 sur 8.

A prendre pour une loi scientifiquement établie le mode de sélection ouvrière que W. Taylor préconise,

---

1. *Principes d'organisation scientifique des usines*, p. 58.

on s'exposerait à des mécomptes. Que l'on pousse l'analyse et l'on conviendra que le procédé de l'ingénieur américain ne s'écarte guère de l'ancien empirisme; il ne fait intervenir à aucun moment les données de la psychologie expérimentale qui, selon nous, est appelée à jouer l'un des premiers rôles dans la solution de ce problème. Qu'il nous suffise pour le prouver d'emprunter à W. Taylor lui-même un fait concluant.

« Une des premières qualités que doit posséder un homme qui veut faire son métier de la manutention de la fonte, dit-il, est d'avoir l'esprit si lourd et si obtus qu'il ressemble intellectuellement plutôt à un bœuf, qu'à n'importe quel autre type. L'homme dont l'esprit est alerte et aiguisé est, par cette seule raison, absolument impropre à un travail aussi monotone que celui-ci [1] ».

Ainsi W. Taylor indique, comme signe de l'infériorité d'une profession, la monotonie. Or, par suite de la division du travail, la monotonie s'est introduite dans un grand nombre d'occupations industrielles. Le travail des porteurs de gueuses est loin d'atteindre la monotonie de beaucoup de travaux d'usine. L'ouvrier qui, dans une maison d'industrie, automobile — pour reprendre un exemple cité plus haut — travaille avec la machine à plateau magnétique pour enlever le voile des bagues de roulement à billes, fait en 40 secondes 9 mouvements des mains. C'est donc 80 ou 90 fois dans une heure et 800 ou 900 fois par jour que cette série de gestes très réduits et monotones se répète. Il

1. *Principes d'organisation scientifique des usines*, p. 71.

ne serait pas difficile de trouver des exemples plus caractéristiques encore. Munsterberg en rapporte deux, au sujet desquels il a étudié les effets psychiques de la monotonie[1]. C'est d'abord l'ouvrier qui perfore à la machine des bandes de métal et fait ainsi 34.000 mouvements uniformes par jour, puis l'ouvrière qui empaquette dans une enveloppe de papier 13.000 ampoules électriques par jour. Cependant ces travailleurs ne sauraient être confondus avec le « bœuf » (l'ouvrier) dont parle W. Taylor. La plus ou moins grande monotonie ne peut donc servir de caractéristique pour établir une hiérarchie entre les professions, de la moindre à la plus élevée en valeur. D'autres signes psychologiques que nous nous sommes efforcé de déceler dans des recherches personnelles, doivent lui être substituées. Une fois admis que les travaux industriels tendent à devenir de plus en plus réduits à quelques gestes et soumis à une incessante répétition, on remarque qu'au sein de cette monotonie même, les formes diverses de l'attention, le rythme de ses périodes comme celui des gestes, la rapidité motrice, la durée du temps de réaction, etc., sont autant de facteurs capables de se combiner diversement pour constituer le signe psycho-physiologique de la supériorité professionnelle.

Au porteur de gueuses décrit par W. Taylor, la force musculaire et l'endurance suffisent. En fait, dans la pratique, ce sont les seules qualités dont l'ingénieur

1. Hugo Munsterberg. *Psychology and efficiency*, Londres, 1913, pages 190 à 205.

américain se soit servi pour fixer les bases de la sélection ouvrière.

Lorsque dans une industrie on peut ainsi rejeter tous les ouvriers médiocres, le rendement — cela va de soi — s'en trouve augmenté.

Nos industriels français ont pensé, eux aussi, que les bons ouvriers fournissaient plus de travail que les mauvais. Aucun pourtant, du moins à notre connaissance, n'a osé appliquer le principe brutal de la sélection qui a fait des équipes de W. Taylor le plus beau corps de travailleurs des Etats-Unis. Le problème d'ailleurs se pose, en Europe, en France surtout, sur des données très différentes. On ne peut pas, comme en Amérique, composer quasi-artificiellement le milieu des travailleurs avec l'adjonction des immigrants. Une enquête approfondie faite, il y a quelques années, par la commission de « Pittsburg Survey » sous le patronage de la « fondation sociale Russel Sage », a réuni des faits, à cet égard, bien curieux[1]. Les 23.000 ouvriers qu'occupe l'United States Steel Corporation, la plus grande employeuse d'hommes de l'Amérique, ont pu être éliminés et remplacés grâce à l'immigration. Des Slaves et des Européens occidentaux ont fait place à des Européens méridionaux après la grève de Homestaed. Par deux fois on a donc pu amener à surproduire des hommes qui, insoucieux de la vie publique américaine, privés de famille puisqu'ils venaient là de façon temporaire pour amasser un pécule et retourner chez

---

1. J.-A. FITCH. *The Steel Workers*. Russel Sage foundation publications The Pittsburg Survey, New-York, Charities Publication Commitee 1911, 384 pages.

eux, sans crainte du surmenage dont ils étaient d'inconscientes victimes, allaient au-devant des excès de travail. Pratiquement nos industriels ne pourront donc pas réaliser une sélection quasi-illimitée. De plus, le problème des déchets sociaux se posera à leur esprit et ils se garderont, nous en sommes persuadé, de le trancher comme le fait W. Taylor. Nous connaissons une verrerie des environs de Paris où les décorateurs sont traités de la manière suivante : Les « modèles » ou échantillons sont établis par l'ouvrier le plus habile dans la partie; le prix de façon est strictement calculé d'après le temps employé et le taux du gain horaire de cet ouvrier. Certains prix, tout en étant déjà minimum, sont poussés jusqu'au millième. Il en résulte qu'un autre ouvrier avec autant et même plus de capacité professionnelle, mais moins de rapidité dans le travail, ne peut fournir le même rendement. Ordinairement les ouvriers sont payés à l'heure, mais s'ils s'écartent du rendement maximum de l'ouvrier le plus rapide[1] on les met aux pièces. W. Taylor les eût éliminés pour ne pas abaisser la production générale de l'usine, *si le recrutement de cette profession eût été possible*, et le nombre des déchets sociaux s'en fût trouvé augmenté d'autant. Par cet exemple, il ne s'agit pas de montrer que le travail est plus humainement organisé dans la verrerie parisienne que dans les usines de Bethléhem, mais que des considérations de milieu, de moindre recrutement interviennent *obligatoirement* chez nous,

---

1. Le chronométrage existait donc avant que le mot créé par le système Taylor eut été employé.

à côté de la sélection imposée par la seule valeur d'ouvriers exceptionnels.

On se rendra compte, d'ailleurs, de la différence des conditions du milieu social, en pensant à ce qui adviendrait si l'on appliquait aux terrassiers de Paris la mesure imposée aux porteurs de gueuses : les 7/8 des ouvriers seraient congédiés.

Si ces considérations restaient sans effet sur nos industriels, l'impossibilité d'un recrutement étendu devrait leur imposer la prudence, car, même en Amérique, cette difficulté se présente parfois pour le patron, et W. Taylor y insiste souvent. « Pour que le système réussisse, dit-il, il faut que le nombre d'ouvriers employés à la catégorie de travaux soit suffisamment grand, pour que les ouvriers aient fréquemment l'exemple d'hommes congédiés et remplacés par d'autres pour ne pas avoir atteint au salaire élevé[1]. » En conséquence, la pleine efficacité du système n'est obtenue que dans des usines qui emploient beaucoup de personnel et dans des pays à recrutement intarissable.

Malgré les ressources en hommes de l'Amérique, l'application du système Taylor y présente des difficultés énormes et W. Taylor lui-même a dû livrer une véritable guerre de concurrence aux industriels, ses voisins, pour arriver à ses fins. Il l'exprime en ces termes :

« Le point précis à choisir pour la fixation de la tâche entre la capacité de l'ouvrier moyen et de l'excellent ouvrier, doit, pour beaucoup, dépendre des

---

1. *La Direction des ateliers*, p. 40.

ressources locales en main-d'œuvre. Si les ateliers se trouvent dans un pays où la main-d'œuvre abonde, comme, par exemple, à Philadelphie, il est indiscutable qu'on doit adopter le régime le plus élevé. Si, d'autre part, les ateliers ont besoin d'un assez grand nombre d'ouvriers habiles, et se trouvent dans une petite ville, il pourra être sage de se montrer moins exigeant. Il y a une grande différence dans les ressources en main-d'œuvre de l'un à l'autre des Etats voisins de l'Union : ainsi, dans un cas où l'auteur imposa, dans l'organisation d'un atelier, un taux élevé de production, il dut, avant de réussir, importer presque tous ses ouvriers d'un Etat voisin[1] ».

Peut-on penser après cela que le point de vue de la prospérité nationale se trouve respecté par W. Taylor, comme il l'affirme dès le début de son ouvrage? Il nous semble, au contraire, que si tous les industriels d'Amérique se livraient aux mêmes manœuvres que lui, son système deviendrait pratiquement inapplicable.

Lorsqu'il s'agit de professions ne nécessitant pas d'efforts musculaires, W. Taylor sélectionne aussi les gens d'après le rendement qu'ils fournissent. Pour les trieuses de billes de bicyclette, par exemple, on augmente le salaire de celles qui trient le plus de billes en commettant le moins d'erreurs, on diminue le salaire des trieuses moyennes, on congédie les mauvaises et, en outre, celles qui ne présentent pas certains caractères physiques jugés nécessaires. « Cela obligeait, dit l'auteur, de congédier un grand nombre des plus

____

1. *La Direction des ateliers*, p. 116.

intelligentes, des plus travailleuses et des plus conscien-
cieuses. »

Pour ces occupations féminines, qui ne demandent
pas d'apprentissage, le recrutement, tout en se trouvant
limité, tarirait moins vite chez nous, en raison surtout
de la participation de plus en plus active des femmes
au travail industriel, où elles suppléent à l'insuffisance
de la main-d'œuvre masculine.

La sélection n'est donc pas toujours possible puisque,
par elle, le recrutement se trouverait diminué et qu'elle
irait à l'encontre de considérations sociales dont nul ne
saurait nier le bien fondé.

Le problème est susceptible cependant d'une
solution que W. Taylor n'a pas envisagée et à laquelle
nous avons tenté d'apporter depuis de longues années
l'appui des données scientifiques. Au lieu d'attendre
qu'un individu ait témoigné de ses aptitudes parti-
culières une fois sa profession choisie, seul moyen de
sélection employé jusqu'ici, nous nous sommes efforcé
de déterminer *les signes psycho-physiologiques de la
supériorité professionnelle* afin de guider les ouvriers
dès le temps de l'apprentissage. Ceci fait, il apparaît
qu'un examen psycho-physiologique préalable complé-
tant l'examen de validité devrait être imposé à tous les
candidats. On imagine aisément le gain réalisé par
l'ouvrier qui, au sortir de l'école, pourrait accéder aux
carrières auxquelles il est physiquement apte. Ainsi
s'éviteraient les déboires d'un apprentissage long et
souvent coûteux. Toute simple que soit cette idée, nous
n'en jugeons pas la valeur en fonction de sa simplicité.
Puisqu'elle nous est personnelle, nous tenons à prévenir

les erreurs où ne manqueraient pas de tomber ceux qui appliqueraient la méthode de façon hâtive. Il faudrait réunir des hommes de science avisés, prudents, possédant un esprit critique assez sûr pour déterminer avec exactitude les caractères de la supériorité professionnelle. Du choix de ces hommes dépend la réussite de la méthode.

La manière de déterminer les signes de la supériorité professionnelle impose encore une autre précaution. Les techniques de la psychologie expérimentale nous permettent de déceler quelques signes de la supériorité psychique. Il ne faut pas en conclure que l'on pourra aisément déclarer tel individu apte à tel métier parce que l'un de ces signes sera apparu au cours des recherches. On s'illusionnerait, par exemple, en pensant tirer de l'étude du temps de réaction une indication suffisante. Nous allons essayer de l'expliquer à l'aide d'un exemple emprunté à W. Taylor lui-même.

W. Taylor nomme équation personnelle d'un individu ce que nous appelons le temps de réaction. Le temps de réaction est la durée qui sépare une excitation sensorielle du geste qui en dérive. On fait entendre, par exemple, à un sujet un bruit subit et on lui demande, dès qu'il le perçoit, de presser un contact électrique. Comme l'expérimentateur, en créant le son, a fait déclancher une aiguille qui se meut sur un cadran gradué et que le sujet a, par sa réaction, arrêté cette aiguille, on peut lire sur le cadran en centièmes de seconde, le temps nécessaire à la réaction (fig. 3 et 4).

La figure 1 représente l'appareil pour la mesure du temps de réaction. Chronoscope à marche électrique (système Bull).

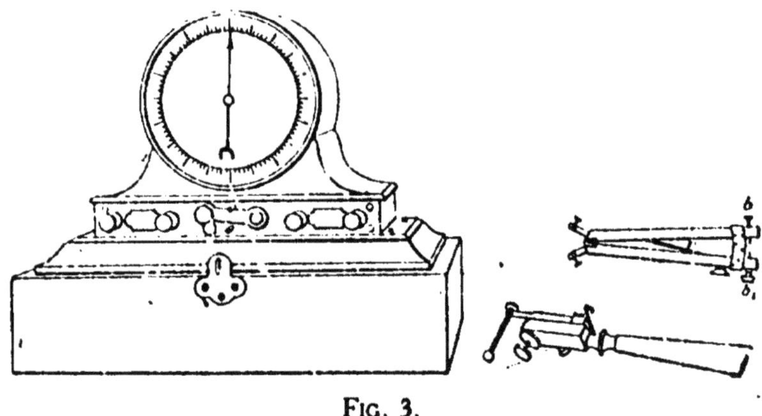

FIG. 3.

La marche du chronoscope A est assurée par le diapason D donnant 50 v. d. et entretenu électriquement par le courant de l'accumulateur P_1. Chaque vibration envoie en A le courant de l'accumulateur P_3.

Un électro aimant placé en A, recevant ces émissions

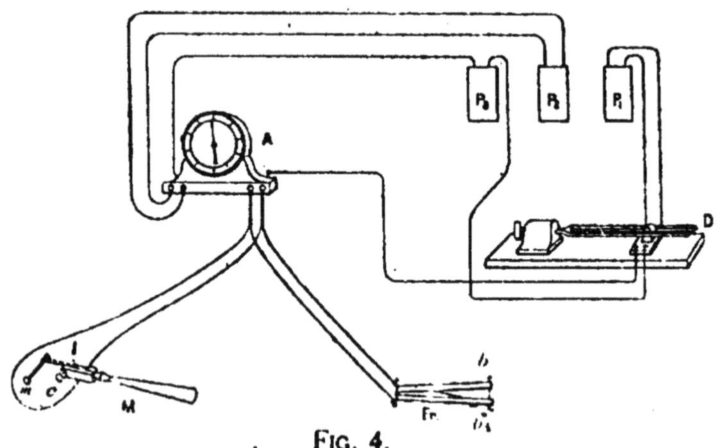

FIG. 4.

de courants excessivement brèves, mais d'une durée pratiquement régulière, exercera des attractions d'une régularité parfaite sur les dents de la roue motrice qui meut l'aiguille.

Cet appareil est le plus parfait de tous ceux à marche mécanique ou électrique construits jusqu'à ce jour. Il est à marche indéfinie, silencieux, puisque le diapason peut être éloigné à volonté. Il donne le 100° de seconde, mais peut donner le millième avec un cadran un peu plus grand et un diapason de 250 vibrations.

Le sujet, qu'on a éloigné de l'appareil et qui ne le voit pas, prend en main la presselle dont les deux bornes b et b_1 sont écartées d'une distance très faible et maintenues dans cette position par un ressort très doux r. L'aiguille de l'appareil A est ramenée au zéro et immobilisée par un électro-aimant mis en action par le courant de l'accumulateur P_3. L'expérimentateur qui tient le marteau M fait entendre un bruit en heurtant l'extrémité m du marteau sur un objet sonore. Ce choc détache la tige t du contact c. Le courant étant ainsi rompu, l'aiguille entraînée instantanément par la roue motrice et le courant de P_3 se déplace sur le cadran. Dès qu'il entend le bruit, le sujet presse aussi rapidement que possible la presselle P_2 et met en contact les deux bornes b et b_1. Le courant ouvert par M est fermé par P_2. L'aiguille s'arrête. On lit sur le cadran, en $\frac{1}{100°}$ de seconde, la durée de la réaction motrice à une excitation auditive. On peut substituer à l'excitation auditive une excitation tactile en heurtant l'extrémité m du marteau sur une partie du corps du sujet, ou une excitation visuelle en déterminant une lueur au moment précis de la rupture du courant par M.

Par des dispositifs analogues, on mesure les temps de réaction des autres sens[1].

Peut-on véritablement appeler équation personnelle la durée du temps de réaction?

L'équation personnelle suppose que tous les caractères psychologiques d'un individu interviennent dans sa détermination. Or, des expériences de laboratoire nous ont prouvé l'infinie variété des rapports qui s'établissent entre les diverses fonctions d'un individu. Il n'est donc pas légitime de nommer équation ce qui est un simple signe, choisi entre beaucoup d'autres, un élément isolé de l'équation.

Ce signe lui-même appliqué à une profession donnée peut-il constituer un indice précis; autorise-t-il le rejet d'un individu d'une carrière où, par l'accoutumance, il peut acquérir une certaine maîtrise? Non. Voici, entre autres, le résultat d'une de nos recherches.

Il s'agissait de déterminer les caractères psychologiques de gens ayant à accomplir des actes brefs, mais adaptés de façon très exacte à un but[2]. Nous

---

1. Ceci est la technique la plus simple et la plus usitée; mais, dans les laboratoires de psychologie on en emploie parfois d'autres.

On inscrit, par exemple, sur un cylindre enregistreur le moment précis de l'excitation et celui de la réaction du sujet; comme on a eu soin d'inscrire parallèlement les vibrations d'un diapason on peut lire, en fractions extrêmement petites du temps, la durée de la réaction.

2. L'adaptation organique dans les états d'attention volontaires et brefs. *Comptes rendus de l'Académie des Sciences*, mai 1913, et : Etude expérimentale de l'adaptation psycho-physiologique aux actes volontaires brefs et intenses. *Journal de Psychologie*, 1913, p. 220 à 236

avons trouvé chez nos sujets une opposition constante entre le temps de réaction visuel et le temps de réaction auditif. Le sujet excellent montre les temps de réaction visuels plus rapides et les temps de réaction auditifs plus lents que le sujet inhabile dans une forme donnée d'activité.

Ce simple fait, pris entre tant d'autres, montre que, pour une occupation déterminée, l'étude expérimentale ne saurait être trop précise et devra comprendre un examen général du sujet. Nous avons donné les résultats que nous avons obtenus, avec cette méthode, sur les dactylographes[1], pour déceler les signes de la supériorité professionnelle et dans les métiers qui exigent, avec des actes rapides et bien adaptés, une attention volontaire brève et intense, chez les wattmen par exemple. Ces caractères psychologiques devenant de plus en plus nécessaires dans l'exercice des professions modernes, nous apporterons ainsi quelques éléments de connaissance utiles à la solution scientifique de l'organisation du travail.

Dès à présent, les directeurs d'usines peuvent faire faire un pas décisif aux méthodes appliquées au travail industriel. Au lieu d'adopter aveuglément les principes de W. Taylor, ils auront avantage à recruter, au fur et à mesure des besoins, un jeune personnel possédant les qualités psychologiques nécessaires au parfait

---

1. Les signes physiques de la supériorité professionnelle chez les dactylographes. *Comptes rendus de l'Académie des Sciences*, 2 juin 1913, et : Les conditions psycho-physiologiques de l'aptitude au travail dactylographique. *Journal de physiologie et de pathologie générale*, 5 juillet 1913.

exercice de leur profession. Ceux qui ne sauraient être agréés chercheront, avec l'aide du psycho-physiologiste, des occupations conformes à leurs aptitudes. Au bout de quelques années, on verra diminuer le nombre des déclassés et augmenter le rendement industriel.

Mais il faut pour cela que des recherches s'organisent, que ceux qui, jusqu'à présent, se sont montrés hostiles à toutes innovations, les encouragent et qu'ils devancent, ce faisant, l'ingérence de l'Etat qui ne saurait longtemps tarder pour des raisons de justice et d'intérêt social.

CHAPITRE V

LES SALAIRES

On s'étonnera peut-être que dans une étude où dominent les points de vue physiologique et psychologique, un chapitre entier doive être consacré aux salaires. Mais il faut se rendre compte que la manière dont le travail est rémunéré détermine la manière dont il est effectué; c'est du moins ce qui caractérise les méthodes modernes de salariat et particulièrement la méthode de W. Taylor.

Nous n'entrerons pas — cela va de soi — dans les discussions sur le principe même du salariat. Nous le prendrons comme un fait, pour en déterminer les modalités.

D'une manière générale, le monde du travail se divise en deux groupes : ceux qui travaillent et ceux qui font travailler. Ces derniers créent des industries, organisent le travail, engagent leur avoir, courent des risques; par contre, les premiers apportent leur activité soit physique, soit intellectuelle, en échange de laquelle ils reçoivent un salaire fixé par entente avec l'employeur. On conçoit aisément que, d'une part, le directeur d'entreprise cherche à obtenir le plus de travail possible au meilleur prix, et que, d'autre part, l'ouvrier cherche à gagner le salaire le plus élevé avec le minimum de fatigue, donc en fournissant le moins de travail.

Avec des intérêts ainsi opposés, le conflit reste constant. Certes, des éléments moraux interviennent parfois, qui en adoucissent les effets. Plus souvent qu'on ne l'imagine l'ouvrier aime son métier et travaille avec ardeur parce qu'avec plaisir.

Quand on introduit dans une usine un travail nouveau, nombre d'ouvriers cherchent à en avoir la charge. Plus ce travail est délicat, plus ils désirent l'entreprendre. Lorsque, par exemple, une usine de Paris commença la fabrication des moteurs pour l'aviation, travail d'une délicatesse et d'une difficulté extrêmes, tous les ouvriers qualifiés aspirèrent à l'exécuter. Ce n'était certes pas l'appât d'un gain supplémentaire problématique, mais l'attrait de la besogne plus élevée, disons le mot, l'adhésion à la morale professionnelle.

Parfois aussi le patron se rend compte de l'étroite solidarité qui l'unit au travailleur et fait appel à la persuasion pour obtenir le meilleur rendement pour un salaire donné.

Mais ces éléments moraux qui avaient jadis une valeur réelle perdent de leur prix dans le monde du travail transformé par le machinisme; aussi a-t-il été nécessaire d'établir des contraintes pour, d'une part, tirer d'un ouvrier le maximum de rendement et pour, d'autre part, protéger cet ouvrier contre l'abus inévitable des contraintes patronales.

Répétons-le, ce n'est pas une théorie du salaire que nous faisons ici. Nous prenons les faits tels qu'ils se présentent à l'heure actuelle pour marquer la place que W. Taylor a prise dans ces conflits.

La contrainte qui pèse sur l'ouvrier, c'est le salaire. S'il ne travaille pas, il ne gagne rien. S'il travaille, il est payé proportionnellement, soit au nombre de jours ou d'heures passés au service de l'employeur, soit proportionnellement à la quantité de travail effectif fourni.

Dans le premier cas, c'est le salaire fixe, à la journée ou à l'heure, dans le second cas, c'est le travail aux pièces.

Le travail où le temps seul est payé n'exerce aucune contrainte sur l'ouvrier; le travail aux pièces le tient en haleine et l'intéresse à produire beaucoup, mais il a aussi des inconvénients. Il tend à diminuer la qualité du produit manufacturé, l'ouvrier cherchant avant tout à surproduire. De plus, on lui fait courir des risques dus à l'organisation même de l'usine, car on ne saurait le distraire de son travail sans lui porter un préjudice. Enfin, la fixation du prix d'exécution d'une pièce est sujette à des discussions intéressées de part et d'autre. Aussi n'est-ce pas une des moindres surprises du système de travail aux pièces que de faire diminuer le rendement. En effet, lorsque les ouvriers produisent beaucoup, le patron doit livrer à la consommation un grand nombre d'objets; leur valeur diminue en raison de leur abondance et le patron ne peut plus payer à l'ouvrier le tarif primitivement fixé. L'ouvrier a donc intérêt à ce que les prix de vente se maintiennent à un taux élevé, donc à produire peu. On comprend dans quel cercle tournent ceux qui cherchent des solutions.

Il semble donc que ce mode de détermination des salaires arrive au résultat paradoxal de punir un bon travailleur proportionnellement à son degré d'habileté[1].

Cependant, on s'est demandé s'il ne serait pas possible de fixer scientifiquement le prix d'exécution d'une pièce en tenant compte du temps employé par l'ouvrier. On y est arrivé par une analyse minutieuse du temps nécessairement utilisé au travail considéré. C'est en somme une sorte de chronométrage, et l'on voit combien nous sommes fondé d'affirmer qu'au moment ou Taylor instituait son système, le chronométrage était « dans l'air ».

Pour la fabrication des machines-outils, par exemple, dans certaines usines on arrive aux déterminations suivantes :

TRAVAIL FAIT PAR L'HOMME	MINUTES
Temps pour soulever la pièce du sol jusqu'à la machine-outil..	»
— la disposer convenablement................	»
— la fixer avec les crampons ou les boulons	»
— démonter ceux-ci le travail terminé......	»
— nettoyer la machine-outil après l'opération..	»
TRAVAIL FAIT PAR LA MACHINE	
Temps pour dégrossir $^{m/m}$ sur une surface de.........	»
— le finissage sur une surface de..............	»
TOLÉRANCE	
Ajouter % pour les délais imprévus..................	»
Temps total..............	»

1. Voir : H.-B. KEPNER. Le travail aux pièces au point de vue ouvrier. *American Engineer and Railroad journal*, New-York, juin 1903, et : Le travail aux pièces et la réduction du prix de revient. *Engineering Magazine*, Londres, novembre 1900.

On réunit ensuite ces renseignements aux données complémentaires pour établir la fiche mémorandum qui fixe le prix d'usinage (Voir le tableau ci-après).

MÉMORANDUM

Date : _____________ . _________ Atelier des tours : _____________

Construction d'une _____________ . Description de l'opération effectuée : _____________

Nom et numéro de l'ouvrier : _____________

Machine-outil employée : _____ Vitesse de coup de l'outil : _____

Avance : _____________ Nombre de tours de la machine : _____

TRAVAIL	DÉTAIL DES OPÉRATIONS ÉLÉMENTAIRES	MINUTES
Travail de l'homme........		»
Travail de la machine.....		»
Délais imprévus durant l'opération..............		»
	Durée totale de l'opération..................	»

OBSERVATIONS

Qualités de l'acier à outil : _____________

Temps passé pour l'affûtage de l'outil : _____________

Nombre d'outils brisés par journée de 10 heures : _____________

Retenue sur le salaire pour outils brisés : _____________

Nombre de pièces faites par journée de 10 heures : _____________

Salaire par journée usuellement payé pour cette classe de travail : _____________

Remarques. { _____________

Signature de l'observateur,

Dans certaines industries la difficulté est telle, pour fixer scientifiquement les salaires par cette méthode, que des conflits peuvent surgir au cours de leur détermination. Tel est le cas de l'industrie textile. Aussi le gouvernement anglais a-t-il créé un service spécial d'inspection pour la surveillance de l'établissement du salaire aux pièces[1].

Quel que soit le soin apporté à la détermination du prix de fabrication, cette méthode ne pare pas à tous les inconvénients du système de travail aux pièces. On peut, certes, éviter les fluctuations des prix fixés empiriquement par le patron, mais on n'intéresse pas l'ouvrier aux bénéfices que son surcroît d'efforts procure à l'entreprise. Il est de fait que l'effort devient de plus en plus pénible avec la durée du temps passé à l'usine et qu'il serait équitable d'assurer une majoration de salaire à tout ouvrier qui produit plus que les autres, grâce à une activité plus grande. C'est vers ce but que tend la méthode d'établissement des salaires dans le système Taylor.

W. Taylor combat le système du travail aux pièces qui est, pense-t-il, la grande cause de la flânerie systématique. Lorsque l'ouvrier produit beaucoup, il est porté à croire que la surproduction va faire diminuer le prix de la main-d'œuvre. Il ralentit donc son travail.

Au contraire, dit W. Taylor, fixez à l'ouvrier une tâche quotidienne, et fixez-la « scientifiquement » c'est-à-dire en déterminant le rendement maximum qu'un bon travailleur peut fournir; donnez pour cette tâche un salaire fixe; cette tâche accomplie, ajoutez

1. LLEWELLYN SMITH. *Report on Standard pieces rates of Wages and Sliding Scales*, Londres, 1900.

au salaire convenu une prime relativement élevée, et vous obtiendrez un tout autre résultat.

W. Taylor s'efforce de nous expliquer par quels moyens nous découvrirons alors que la cause du meilleur rendement de ses ouvriers réside moins dans le travail à la tâche et à la prime que dans la sélection faite au préalable parmi le personnel.

« Avec le meilleur système ordinaire de rémunération à la journée, si l'on note soigneusement la quantité de travail fait par chaque ouvrier et son rendement, si l'on relève le salaire de l'ouvrier qui se perfectionne, *si l'on congédie tous ceux qui tombent au-dessous d'une certaine moyenne et qu'on les remplace par un nouveau recrutement d'hommes soigneusement choisis*, on peut faire disparaître, dans une large mesure, la flânerie naturelle et la flânerie systématique. Toutefois, cela ne peut être réalisé que si les ouvriers sont parfaitement convaincus qu'on n'a pas l'intention d'instaurer le travail aux pièces, dans un avenir plus ou moins éloigné [1]. » Ceci pour les travaux de force [I] en est de même pour les travaux d'attention et d'habileté, du moins en ce qui concerne les trieuses de billes de bicyclettes. On fixe d'après les données du chronométrage la tâche quotidienne de chaque ouvrière. Si elle l'accomplit, on lui alloue une prime [2].

Sur quelles données W. Taylor a-t-il établi l'adjonction de la prime à la tâche?

Les ouvriers travaillent aux pièces, mais ils doivent obligatoirement produire un nombre déterminé de

---

1. *Principes d'organisation scientifique des usines*, p. 42.
2. *Principes d'organisation scientifique des usines*, p. 97 à 107.

pièces dans un temps donné. S'ils y parviennent, le prix de fabrication qui était primitivement fixé au taux des autres ateliers de la région est élevé de façon notable. De telle sorte que les journées peuvent être augmentées de 30 pour 100 et plus, sur le prix de la journée que gagneraient les ouvriers dans des usines similaires.

La majoration dont bénéficient les ouvriers qui surproduisent n'est pas quelconque. Le patron la détermine en tenant compte de la valeur du temps passé en gestes utiles. On chronomètre tous les gestes, on perfectionne ceux qui peuvent l'être, on élimine ceux qui sont inutiles ainsi que le temps perdu entre chaque geste. On construit donc dans l'abstrait un ouvrier-type, travaillant dans une usine-type avec des outils-type.

Il apparaît alors que la valeur d'une pièce établie par l'usine expérimentalement, si l'on peut dire, n'est que *conditionnelle*. Il faut que l'ouvrier fasse un *nombre déterminé* de pièces parfaites. Si ce nombre n'est pas atteint ou si les pièces sont manquées, — loupées, en argot d'atelier — le salaire quotidien est diminué d'autant.

Voici par exemple une fiche sur laquelle sont notés les temps nécessaires à l'usinage d'un essieu de locomotive aux usines qui appliquent le système Taylor.

DÉTAIL DE LA DURÉE DE CHAQUE OPÉRATION ÉLÉMENTAIRE	HEURES	MINUTES
1. Mise en place de l'essieu sur le tour...	»	20
2. Dressage des parties planes et chemins des clavettes	1	40
3. Tournage du premier tourillon............	2	10
4. Tournage du second tourillon............	2	10
5. Dressage des faces extrêmes................	»	40
6. Finissage des faces extrêmes................	»	50
7. Finissage des deux tourillons..............	2	»
8. Premier polissage général de l'essieu.....	1	10
9. Polissage final	»	40
10. Tolérance pour imprévu......................	»	15
11. Démontage et enlèvement de l'essieu....	»	5
Durée totale du travail............	12	»

Si l'ouvrier met moins de 12 heures pour effectuer le travail, il reçoit une prime.

Nous avons vu en étudiant le chronométrage quelles réserves il convient de faire sur la valeur des durées établies. Ces réserves doivent se reporter sur la fixation du salaire qui est la conséquence de l'étude des temps élémentaires.

Quant à la détermination de la prime elle-même elle est abandonnée à l'arbitraire. C'est le patron qui en fixe la valeur; mais sur quelles bases?

W. Taylor a écrit à ce sujet une page des plus déconcertantes. « Une longue série d'expériences, jointes à des observations précises, avait montré que lorsque des ouvriers de cette valeur ont une tâche soigneusement mesurée et correspondant à un travail soutenu de leur part, lorsqu'en retour ils reçoivent pour cet effort supplémentaire des salaires 60 0/0 supérieurs à la moyenne, ce supplément de salaire tend à en faire non seulement des hommes économes, mais encore meilleurs de toute façon. Ils vivent plus largement, mettent de l'argent de côté, deviennent sobres et travaillent régulièrement. Si l'augmentation de salaire dépasse 60 %, beaucoup d'entre eux se mettent à travailler irrégulièrement et deviennent extravagants et dissipés; ce qui montre, en somme, qu'il n'est pas bon pour la plupart de gens de s'enrichir trop vite. Après avoir décidé pour cette raison de ne pas élever les salaires de nos ouvriers, ceux-ci furent appelés au bureau l'un après l'autre [1]... »

De telles affirmations ne permettent pas de reconnaître à la méthode un véritable caractère scientifique.

Mais, dira-t-on, est-il possible d'apporter en ces matières des données plus précises que celles de W. Taylor? Nous pouvons affirmer que cela est possible et que même — chose curieuse — des méthodes plus équitables et plus rationnelles existaient avant lui. Il importe, en effet, de détruire le préjugé qui tend à s'établir en faveur du système Taylor et de montrer que — au point de vue scientifique — sa valeur est moindre que celles des systèmes antérieurs. C'est ce que déterminera l'étude analytique des diverses primes à la surproduction.

Les systèmes Halsey et Rowan sont l'aboutissant d'une série de perfectionnements dans l'établissement

---

1. W. TAYLOR. *Principes d'organisation scientifique des usines*, p. 83.

des salaires ayant pour idéal commun de rémunérer l'ouvrier en fonction du travail exécuté.

On eut successivement les tentatives de la *Yale and Towne manufacturing C°* (Etats-Unis) [1] des Chantiers de Constructions Navales *Thames Iron Works* [2] et celle des ateliers de construction de machines à vapeur *Willans and Robinson Ldt* [3].

Cette dernière arrive presque à la perfection car, plus l'ouvrier se montre habile dans son travail plus sa prime est élevée et sans qu'on ait fixé de limite. Ce fait affirme déjà la supériorité de telles méthodes sur celles de W. Taylor.

Cependant une critique restait inévitable : pour calculer la prime, il était nécessaire de fixer un prix qui servît de base. En y substituant comme base du calcul de la prime le temps de travail effectif, Halsey a fait accomplir un progrès important à la théorie critiquée.

Le système Halsey fut appliqué dès 1890 à la *Canadian Rand Drill C°*. Il faut le comprendre ainsi : les bénéfices dus à l'augmentation de production par rapport à un temps pris comme base, sont partagés entre ouvriers et patrons [4].

En toutes circonstances, pour fixer le salaire des

1. TOWNE. *Transactions of the American Society of Mechanical Engineers*, New-York, 1889, vol. X, p. 600.

2. SCHLOSS. Report on Gain-Sharing and System of bonus on production. London, *Board of Trade publications*, 1895.

3. SCHLOSS, *Op. cité*, 1896.

4. HALSEY. *Transactions of the American Society of Mechanical Engineers*, New-York, 1891, vol. XII. p. 755. Cf. HALSEY, *Sibley Journal of Engineering*, mars 1902.

7

ouvriers, on établit, au préalable, un bulletin de marchandage. On admet que pour un travail donné l'ouvrier sera payé b francs à l'heure, et que la durée du travail sera de a heures.

Dans le simple travail aux pièces, le salaire sera, quand l'ouvrier reste dans les limites du temps prévues :

$$X = a \times b.$$

Si l'ouvrier travaille plus vite, s'il met x heures au lieu de a, les éléments du calcul de son salaire restent les mêmes[1]. Par contre, dans le système Halsey, il reçoit une majoration de 50 ou de 30 pour 100 du temps économisé. Le temps économisé se calcule par soustraction du temps réel du temps étalon. La formule de ce système peut être, dans le premier cas :

$$X^1 = b \times x + (a \times b - b \times x)\,\frac{50}{100}\,;$$

et dans le second cas :

$$X^2 = b \times x + (a \times b - b \times x)\,\frac{30}{100}\,.$$

Le calcul du salaire se fait facilement et sans conteste puisque tout est fixé par le marchandage et que le patron — contrairement au système Taylor — n'a pas à faire intervenir des appréciations purement subjectives.

Voici, par exemple, la fiche de prime d'une usine d'Amérique où le salaire est calculé par l'application

---

1. Pour parer aux erreurs possibles dans le marchandage, il est admis dans la pratique que lorsque ox est plus petit que X, X_1, X_2, X_3, le contrat est nul.

de la première formule. On remarquera que la lecture
en est aisé pour l'ouvrier et que le patron s'est attaché
— dans la notice du bas — à montrer l'avantage du
système et la sécurité qu'il offre à l'ouvrier.

FICHE DE PRIMES

Nom de l'ouvrier : *John.*
Travail à effectuer : *alésage de cylindre.*
Nombre de pièces : *1.*
Observations :

TRAVAIL commencé le *26 mars, à 3 heures après-midi,* terminé le *29 mars, à 10 heures du matin.*		DATE de la livraison des pièces à l'ouvrier : *25 mars.*	
TEMPS	HEURES	TAUX A L'HEURE	PRIX TOTAUX
Temps employé.	25	0,70	19,50
Temps-étalon.....	17	0,70	11,90
Temps gagné.....	8	0,70	5,60
Je certifie avoir exa- miné les pièces ci- dessus et les avoir acceptées. Contremaître :	Prime 50 %.....................		2,80
	Prix de revient du travail...		14,70
	Nombre de pièces..............		1
Date :	Prix de revient de la pièce		14,70

NOTICE. — Le temps-étalon une fois fixé ne variera plus jamais,
à moins que de nouvelles méthodes de travail soient découvertes,
et dans ce cas il y aura lieu de procéder à un nouvel arrangement
avec l'ouvrier.

Toute prime est payable à la première paye suivant le jour de la
remise du travail exécuté.

Pour des raisons qui apparaîtront plus loin, M. Rowan a trouvé plus équitable de faire participer l'ouvrier qui surproduit au bénéfice réalisé, dans des proportions différentes [1].

Le système Rowan peut s'exprimer par la formule :

$$X_3 = b \times x + b \times x \, \frac{a \times b - b \times x}{a \times b}.$$

Un ouvrier ayant travaillé dans les mêmes conditions que celui dont la fiche de prime a été reproduite plus haut devrait gagner :

$$X_3 = 17 \times 0,70 + 17 \times 0,70 \, \frac{25 \times 0,70 - 17 \times 0,70}{25 \times 0,70}$$
$$X_3 = 15,708.$$

Cet ouvrier gagnera donc par l'application du système Rowan un franc environ de plus que par l'application du système Halsey à 50 pour 100.

Mais ce gain réalisé par l'ouvrier n'est pas constant. Suivant le temps consacré à un travail, c'est-à-dire suivant l'effort fourni, les bénéfices accordés à l'ouvrier varient inversement dans l'un ou l'autre système.

Aussi pour juger de l'intérêt que chacun d'eux présente et par là montrer qu'une hiérarchie, de laquelle le système Taylor se trouve exclu, peut s'établir entre les divers systèmes modernes de salaire, nous devons déterminer le gain effectif de l'ouvrier par heure et comparer ces divers salaires.

1. J. ROWAN. *Transactions of the Institution of Mechanical Ingeneers*, Londres, 1901.

Nous empruntons cette détermination à un travail encore inédit, dans lequel un ingénieur, M. R. Guillery a, dès 1904, comparé graphiquement les lois du salaire d'un ouvrier travaillant aux pièces ou bénéficiant des primes Halsey ou Rowan.

« Soit y, dit-il, le gain horaire effectif de chaque ouvrier, cette valeur variant avec le nombre x d'heures qu'il a mises pour exécuter le travail.

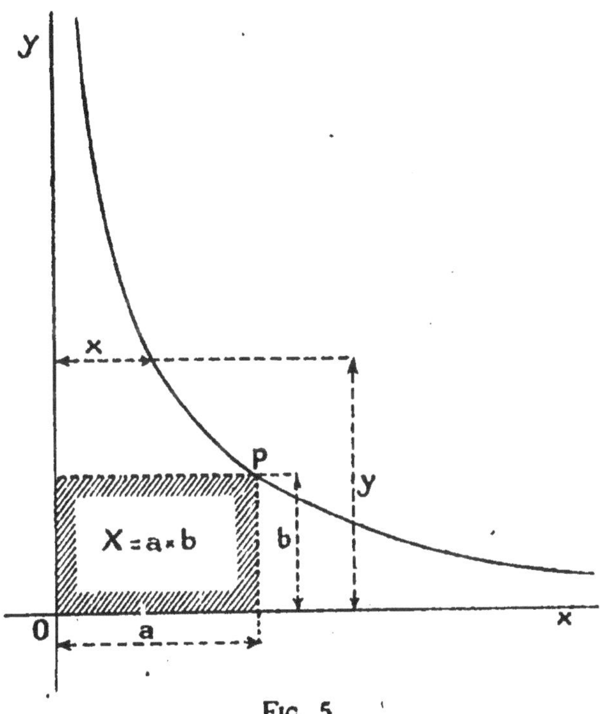

FIG. 5.

Dans l'un ou l'autre des systèmes la somme qu'il touche au règlement, c'est-à-dire X, sera :

$$X \doteq xy.$$

Travail aux pièces. Dans le cas du simple travail aux pièces le gain effectif à l'heure est inversement proportionnel au temps consacré à l'exécution, et comme l'ouvrier ne peut toucher dans tous les cas que $a \times b$, l'équation qui lie le gain effectif y au temps passé x est :

$$xy = ab \tag{1}$$

C'est l'équation de l'hyperbole équilatère rapportée à ses asymptotes (fig. 5).

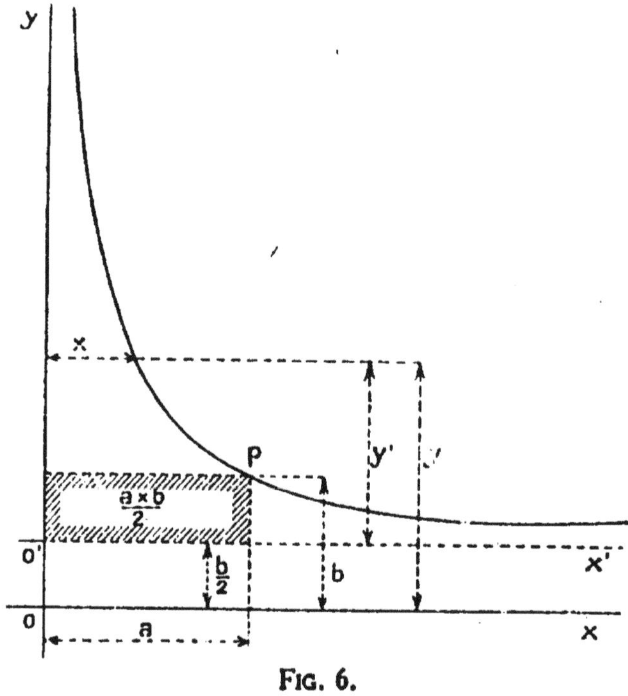

Fig. 6.

Prime Halsey à 50 %. Dans le cas du système Halsey à 50 % nous avons :

$$xy = bx + (ab - bx)\frac{50}{100}$$

ou encore

$$xy = \frac{b(x+a)}{2}$$

'et en divisant par x on a :

$$y = \frac{ab}{2x} + \frac{b}{2} \qquad (2)$$

On voit que nous obtenons encore l'équation de l'hyperbole équilatère dont l'asymptote horizontale $o'x'$ est au-dessus de l'axe de x à une distance de $\frac{1}{2}$ de la nominale de l'ouvrier (fig. 6).

En se rapportant à cette asymptote comme axe des x on aurait bien :

$$y' = \frac{ab}{2x} \quad \text{ou} \quad xy' = \frac{ab}{2}$$

qui n'est autre que l'équation de l'hyperbole rapportée à ses asymptotes.

Prime Halsey à 30 %. Dans le cas du système Halsey à 30 % nous avons :

$$xy = bx + (ab - bx)\, \frac{30}{100}$$

d'où l'on tire :

$$y = \frac{30}{100} \frac{ab}{x} + \frac{70}{100} b \qquad (3)$$

C'est encore une hyperbole équilatère dont l'asymptote horizontale est parallèle à l'axe des x et à une distance $\frac{70}{100} b$, c'est-à-dire $\frac{70}{100}$ de la nominale à l'heure de l'ouvrier (fig. 7).

La courbe rapportée à l'asymptote $o'' x''$ comme axe des x donnerait, en effet, l'équation $y'' = \dfrac{30\ ab}{100\ x}$ ou $xy'' = \dfrac{30}{100}\ ab$ c'est-à-dire $xy'' =$ constante.

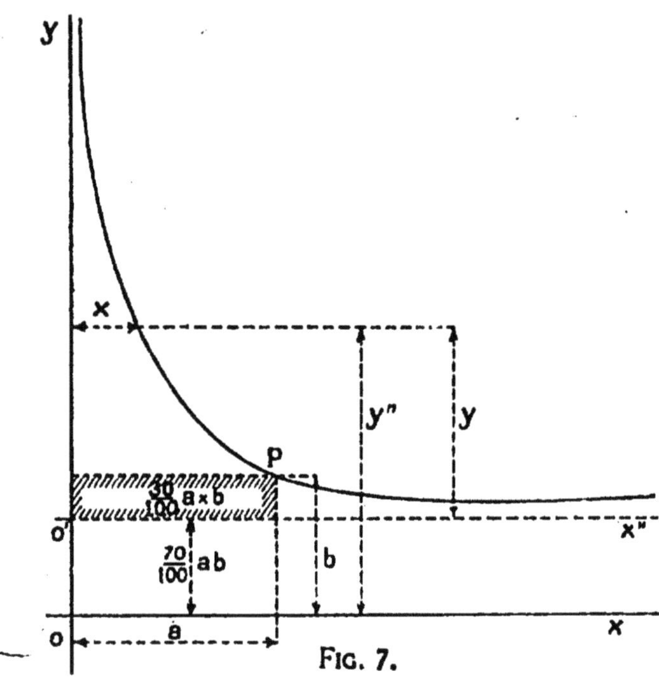

FIG. 7.

Prime Rowan. Dans le système Rowan nous avons :

$$xy = bx + bx\,\frac{(ab - bx)}{ab}$$

d'où l'on tire :

$$y = b + b\left(1 - \frac{x}{a}\right)$$

ou encore :

$$y = 2b - \frac{bx}{a} \qquad (4)$$

qui n'est autre que l'équation d'une ligne droite dont

le coefficient angulaire est $-\dfrac{b}{a}$ (fig. 8).

$$\text{pour} \quad x=o \quad \text{on a :} \quad y=2b,$$
$$\text{et pour} \quad y=o \quad \text{on a :} \quad x=2a.$$

Ainsi le maximum y étant $2b$, on voit que le bénéfice avec ce système est limité à 100 pour 100, ce qui veut

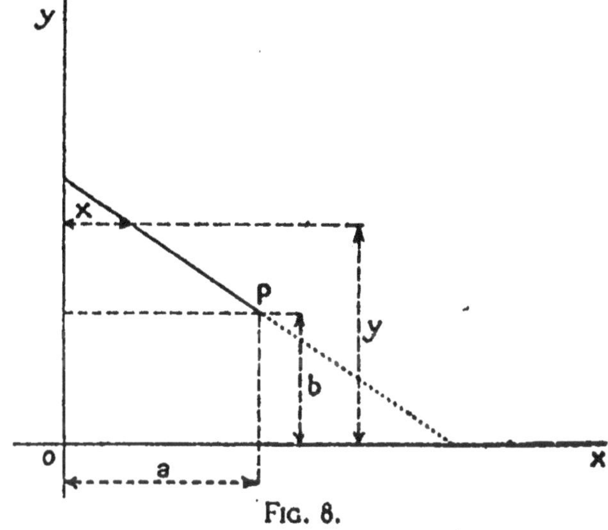

Fig. 8.

dire que l'ouvrier ne peut jamais toucher un salaire supérieur au double de ce qu'il toucherait en travaillant à l'heure.

Comparaison des systèmes. Pour comparer les quatre systèmes de primes, il suffit, en partant des mêmes données communes, de supposer leurs représentations graphiques avec les mêmes coordonnées ox et oy (fig. 9).

Cette superposition montre que les 4 courbes ont un point commun P, point qui correspond au cas où l'ouvrier met juste, pour exécuter le travail, le temps prévu primitivement; pour ce cas $x=a$ et $y=b$; il n'y a donc ni bénéfice, ni perte, et l'ouvrier touche exactement sa nominale à l'heure.

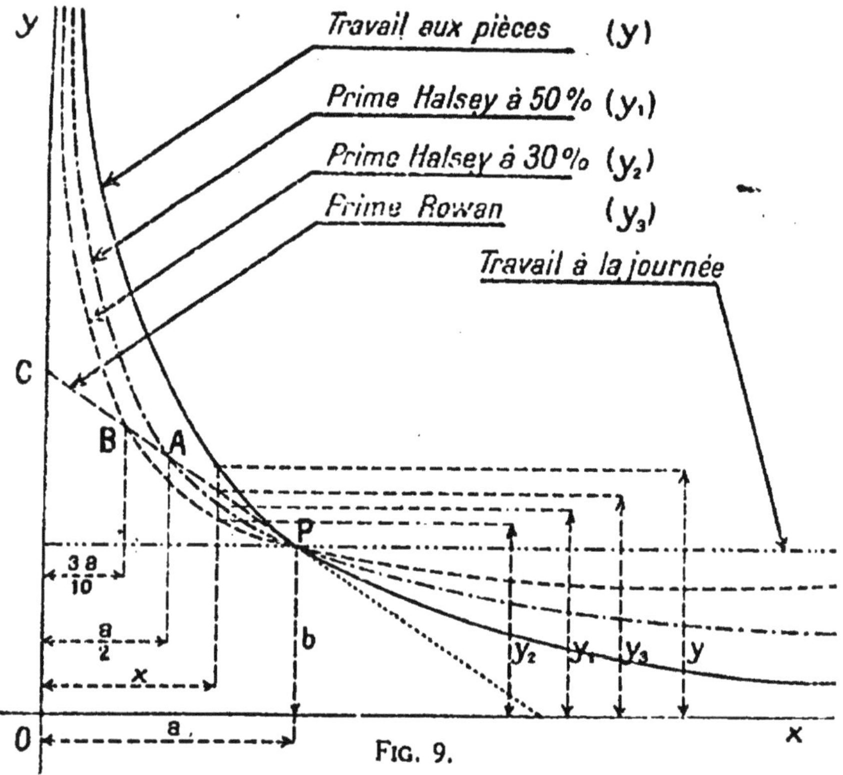

FIG. 9.

En partant du point P et en allant du côté des bénéfices, c'est-à-dire dès que x, le nombre d'heures diminue, on voit, par l'inclinaison des 4 lignes, comment sont récompensés les premiers efforts.

La plus inclinée sur la verticale est celle du travail aux pièces, puis vient celle de la prime Rowan, ensuite celle d'Halsey à 50 % et enfin celle d'Halsey à 30 %. Pour le temps x on a $y > y_3 > y_1 > y_2$, quand x correspond aux premiers efforts. »

....

Ce travail de comparaison qui nous permet de juger de la valeur respective des divers modes de rémunération ne peut être fait avec le système Taylor, pour la raison qu'il présente une solution de continuité dans le salaire, ce qui n'existe pas dans l'effort. Si W. Taylor nous en avait fourni les moyens, nous aurions sans doute pu exprimer son système sous forme de graphique, mais pour traduire ce phénomène de discontinuité, il nous aurait fallu construire deux courbes au lieu d'une. L'obligation de tracer deux courbes suffit, d'ailleurs, pour prouver l'infériorité du système. On y voit la part trop grande laissée à l'appréciation du chef d'industrie. Le système Taylor est donc moins objectif que les autres.

On se rendra encore mieux compte de la supériorité de ces derniers à ce point de vue, en examinant les conséquences forcées de leur application.

Le système Rowan est le plus rationnel de tous. Il permet d'établir un contrat invariable, quel que soit le nombre des pièces à fabriquer et quels que soient les efforts faits par l'ouvrier pour augmenter sa production.

Les causes de résiliation du contrat de marchandage sont de deux sortes : ou l'ouvrier ne peut atteindre dans la pratique le chiffre fixé, ou il le dépasse tellement qu'il absorbe tous les bénéfices de l'entreprise. Ces deux écueils sont surtout à craindre dans le système de paiement aux pièces.

Le système Halsey à 50 % marque en ceci un progrès. Cependant il récompense trop les derniers efforts et pas assez les premiers. Bien que la plus-value accordée à la surproduction n'atteigne pas celle du salaire aux pièces, elle peut dépasser les limites pratiques et par suite motiver les conflits.

Le système Rowan présente de nombreux avantages. Il limite le boni réalisé par l'ouvrier à un chiffre toujours admissible par le patron, car les premiers efforts sont mieux récompensés que les derniers. Ce même fait qui pourrait apparaître à certains comme entaché d'injustice comporte encore un autre avantage. Il peut être une indication pour l'ouvrier à limiter son effort de surproduction puisque l'intérêt matériel qu'il en retire va en décroissant.

Ceci nous explique sans doute pourquoi W. Taylor a délibérément laissé de côté les systèmes plus scientifiques que le sien. Et ici, nos aperçus rejoignent ceux du chapitre où nous étudions la fatigue ouvrière. Quelles que soient les affirmations de W. Taylor, la préoccupation de la santé des travailleurs passe au dernier plan de son œuvre.

On remarquera que dans notre exposé des divers modes d'établissement des salaires, nous n'avons pas visé à approuver ou critiquer le principe du salariat. Il est le mode unique qui régit à l'heure actuelle les rapports du capital et du travail, mais dans son application il comporte des méthodes plus ou moins équitables. La méthode de W. Taylor ne présente pas à ce point de vue une valeur majeure.

CHAPITRE VI

L'ORGANISATION INTÉRIEURE DE L'USINE

Les mouvements d'opinion créés autour des publications de F.-W. Taylor, et l'absence de critique chez
ceux qui étudièrent son œuvre, ont fait naître ce
préjugé : le système américain a transformé de façon
radicale les usines et mis l'ordre rationnel là ou régnait
auparavant l'arbitraire. Rien n'est moins exact. De
même que le chronométrage à la Taylor n'est qu'une
systématisation des procédés anciens, de même que
son système des salaires est une tentative de réglementation, parmi tant d'autres qui l'égalent ou le dépassent,
de même enfin que la sélection professionnelle existe
dans tous les milieux industriels où l'on peut choisir les
ouvriers, l'organisation intérieure de l'usine, telle que
la conçoit W. Taylor, ne fait que réaliser ou
étendre les progrès commencés de toutes parts.

Pour reconnaître la part d'invention qui lui revient
en propre, nous étudierons le fonctionnement d'une
usine moderne non taylorisée, et nous verrons ensuite
ce que W. Taylor y ajoute. Au cours de cet exposé
préalable, nous serons amené à indiquer ce qu'est la
fonction sociale de l'usine et à dépasser ainsi de
beaucoup le point de vue auquel W. Taylor s'est placé,

L'usine moderne. — Son organisation.

Pour se rendre compte de la part d'innovation que le système Taylor apporte dans l'organisation des usines et ses conséquences sociales, il convient de préciser au préalable le fonctionnement des usines actuelles et leur rôle dans l'économie générale de la société. Il y a, certes, des caractères spéciaux propres à chaque usine, mais en prenant pour modèles les types les plus modernes on peut faire un tableau schématique qui se rapproche de la réalité.

En général l'usine comporte les fonctions suivantes :

1° Une direction, contenant les services administratifs : direction proprement dite et comptabilité et les services techniques : bureaux des études et ingénieurs;

2° Des chefs d'ateliers;

3° Des contremaîtres;

4° Des chefs d'équipes;

5° Des compagnons;

6° Des manœuvres.

Le point de vue auquel nous nous plaçons de préférence dans cette étude : l'utilisation rationnelle de la main-d'œuvre, nous oblige à préciser la nature du travail que doivent accomplir les compagnons et les manœuvres.

Le manœuvre. — Le manœuvre est employé aux

Le manœuvre. — Le manœuvre est employé aux travaux les plus grossiers. C'est lui qui effectue la manutention de la matière première et des objets. C'est sur son activité que les études les plus suggestives de W. Taylor ont porté, mais dans l'usine moderne elle n'a plus sa raison d'être, les travaux de manutention étant effectués maintenant par des machines. Cependant le manœuvre n'a pas disparu de l'usine. On lui confie la fabrication des pièces qui n'exigent pas de connaissances spéciales. La machine qu'il doit employer étant réglée une fois pour toutes par le chef d'équipe, il en utilise le fonctionnement automatique. Pour ne pas multiplier les exemples, rappelons que l'ouvrier chargé d'enlever le voile des bagues de roulement à billes, en se servant de la machine dite plateau-magnétique, doit effectuer, en un temps très court, quelques secondes à peine, une série de neuf gestes et, pour fournir un bon rendement, exécuter un grand nombre de pièces[1]. Il lui faut donc fixer son attention et atteindre une grande précision dans les mouvements; ce sont là des caractères psychologiques que tous ne possèdent pas au même degré; ils marquent une véritable supériorité professionnelle chez ceux qui les utilisent dans leur travail. Mais ce n'est pas le signe unique de la supériorité dans les travaux de la métallurgie; nous allons voir, en effet, que l'ouvrier qualifié ou compagnon, en outre des notions qu'il acquiert au cours de son apprentissage, présente des signes psychologiques de supériorité quelque peu différents de ceux-là.

Le compagnon. — Le compagnon doit faire un apprentissage qui, pour les tourneurs entre autres, est de trois ans. Il doit savoir lire un croquis, conduire sa machine et la régler pour réaliser ce croquis. A l'aide

1. Les ouvriers que nous avons observé en faisaient 90 à l'heure.

de sa machine ou de son outil, il doit faire sortir de la matière brute un objet défini, qui n'existait auparavant que sous forme de représentation graphique. Enfin il doit savoir trouver des « tours de main » pour chaque nouvelle pièce à exécuter. Or, à habileté égale des individus, ces tours de main dépendent de qualités psychologiques dont on a rarement déterminé l'influence. Lorsque nous avons étudié le travail dans un atelier où se fabriquent les moteurs pour l'aviation, le chef d'atelier nous a fait remarquer que la même pièce étant donnée à un certain nombre d'ouvriers, chacun d'eux l'exécute en un nombre d'heures différent. Mais s'agit-il d'une autre pièce, ce ne sont pas les mêmes ouvriers qui l'achèvent le plus rapidement.

La supériorité professionnelle ne saurait être reconnue qu'à l'aide d'observations très délicates; elle résulte probablement d'un rapport établi entre l'idée que l'ouvrier se fait du travail et sa possibilité motrice de réalisation. Il y a donc lieu de laisser provisoirement à chacun le soin de chercher la forme qui convient le mieux à son activité. Un chef d'atelier — qui n'avait pas poussé aussi loin l'analyse — expliquait ces différences de rapidité observées entre des ouvriers également bons par la « manière d'attaquer ».

Lorsqu'un ouvrier, après ses trois ans d'apprentissage, ne parvient pas à faire un compagnon remarquable, il n'est pas nécessaire de l'abaisser au rang de manœuvre pour l'utiliser. Il existe, en effet, dans l'usine un certain nombre de travaux qui nécessitent les connaissances techniques du compagnon et qui n'intéressent pas les ouvriers remarquables. Plutôt que de faire accomplir à ces derniers un travail où leur initiative n'est pas en jeu, on le donnera aux ouvriers médiocres, permettant ainsi d'exploiter et de développer chez les sujets meilleurs des qualités professionnelles vraiment supérieures.

Différences psychologiques entre le compagnon et le manœuvre. — Il est très important pour l'étude du système Taylor de marquer, d'une façon précise, les différences d'apitudes psychologiques qui sont nécessaires pour effectuer le travail du compagnon et celui du manœuvre. Le manœuvre adapte mécaniquement au travail ses gestes et son attention en vue de créer une activité rythmée, aussi rapide que possible.

Le compagnon — outre les aptitudes intellectuelles que l'apprentissage a développées en lui — doit posséder une attention capable de se porter sur des objets différents et être apte à solutionner, à chaque instant, les problèmes que le perfectionnement de son travail lui suggère. Il ne crée pas pour son usage des mouvements rythmés pouvant passer progressivement du domaine de la conscience à celui de la subconscience, mais il lui faut sans cesse appliquer son attention à des problèmes d'ordre intellectuel.

Au manœuvre qui enlève le voile des bagues de roulement à billes à l'aide du plateau magnétique, opposons par exemple l'ouvrier qualifié qui fabrique sur le tour des cylindres de moteurs pour l'aviation. On lui fournit un bloc d'acier qu'il doit évider en laissant, outre la face circulaire, le fond, qui l'un et l'autre ont une excessive minceur. Il doit même, sur les faces externes, enlever du métal de manière à ce que les ailettes de réfrigération soient prises à même dans le bloc d'acier. Ce travail est long et l'attention devient surtout nécessaire lorsque, chaque partie du travail touchant à sa fin, il faut éviter que la pièce soit crevée, ce qui causerait une perte énorme et à l'usine et à l'ouvrier. Il n'y a donc pas de rythme dans cette attention. Elle est, à des intervalles inégaux, active ou sommeillante. Parfois le travail est si long que le même ouvrier peut diriger sans effort plusieurs tours.

Mais on peut dire que la qualité de son attention est plus grande que celle du manœuvre, car il ne possède pas de repères dans le temps (rythmes) et cependant la faute professionnelle serait grave si, au moment voulu, son attention faisait défaut. Le compagnon témoigne d'une attention plus indépendante et d'une valeur plus élevée que le manœuvre.

Le système américain tient-il compte de ces différences psychologiques? Cela n'est exprimé dans aucun des ouvrages de W. Taylor.

En outre, il existe dans l'accomplissement de tout travail un élément moral qu'une organisation raisonnée des usines ne saurait négliger : c'est la probité que l'ouvrier apporte dans la perfection du travail accompli.

On imagine aisément les conséquences d'une erreur dans la fabrication d'un moteur d'aviation, monté avec des pièces dans lesquelles existeraient ces défauts qui échappent à l'observateur, même averti, mais non à l'ouvrier qui a exécuté le travail. La moralité des ouvriers français se traduit entre autres par ce fait que les moteurs livrés à l'industrie en quantité énorme n'amènent pas d'accidents provoqués par des vices de construction. Il y a donc dans la plupart des cas un intérêt à ne pas rendre mécanique le travail de l'ouvrier.

Le chef d'équipe. — Le chef d'équipe surveille le travail d'un petit groupe d'ouvriers qu'il connaît, qu'il discipline, qu'il entraîne par son propre travail et son exemple. Parfois il est même leur mandataire, certains travaux étant payés en commun.

Le contremaître dirige plusieurs équipes et des ouvriers travaillant individuellement à des besognes spéciales. Il distribue à chacun le travail selon ses aptitudes; il fixe le prix des salaires, soit par une appréciation sommaire, soit en effectuant lui-même la besogne pour en fixer la durée[1].

Le chef d'atelier a la direction technique de tout un atelier; il « met la main à la besogne » chaque fois qu'il est nécessaire; il représente à tout instant l'ingénieur et la direction dont il épouse les intérêts.

Sa valeur repose non seulement sur des connaissances techniques, mais sur ses aptitudes au jugement psychologique; il est en quelque sorte la pierre angulaire de l'édifice.

La fonction sociale de l'usine moderne.

Le fonctionnement. — L'usine, comme on a pu le voir, est un organisme social d'une complexité telle

---

1. Dans les usines que nous avons étudiées, le contremaître rabattait un dixième du temps pour les travaux faits en série.

que, pour s'effectuer, son fonctionnement doit reposer sur la division du travail et la hiérarchie. La manière dont les attributions et les pouvoirs sont affectés aux divers degrés de cette hiérarchie, fait naître le plus souvent les conflits du travail, certains voulant affirmer et rendre précise cette hiérarchie, d'autres voulant, au contraire, la détruire. Or si, d'une part, cette hiérarchie semble nécessaire, d'autre part elle ne va pas sans dangers.

Cette hiérarchie est nécessaire parce que l'atelier est un corps social organisé et que, soit pour assurer son fonctionnement interne, soit pour permettre sa fonction externe, il faut une division du travail, donc des degrés dans le classement des travailleurs.

Les buts poursuivis dans l'usine dépassent la compétence et la possibilité d'action de l'individu. La comparaison avec le corps vivant, composé de cellules diversifiées par leurs fonctions et hiérarchisées, montre que les fins vers lesquelles tend l'être humain relèvent de l'activité d'ensemble et que tous les éléments cellulaires sont également nobles parce que également utiles pour la synergie fonctionnelle. Si un élément pathologique s'introduit dans l'harmonie du corps vivant, il en résulte un déséquilibre; de même dans le corps social qu'est l'usine, les éléments de désorganisation peuvent être qualifiés de pathologiques. Tout ce qui empêche d'assurer le travail sans perte de temps, de faire sortir de l'atelier des objets parfaitement manufacturés, tout ce qui cause des heurts entre les individus composant cette collectivité : l'usine, est comparable aux éléments pathologiques. Nous désignons par là aussi bien l'ouvrier qui flâne de façon systématique, celui qui sabote l'ouvrage, que les conditions défectueuses du machinisme et certaines méthodes de direction qui, loin de produire l'harmonie, dressent les uns contre les autres les individus ou les groupes.

Le fonctionnement interne de l'usine apparaît donc comme très délicat, il ne peut être étudié et perfectionné qu'avec la connaissance de tous les intérêts en jeu, les intérêts collectifs aussi bien que les intérêts individuels. De ce point de vue, la hiérarchie se présente comme une ligne continue où se placent, à la suite, les activités coordonnées et non comme des catégories distinctes où les individus constituent des pouvoirs autonomes dans cet ensemble. Il est désastreux pour le fonctionnement interne de l'usine que la puissance directoriale ou ouvrière impose tour à tour des conditions d'activité incompatibles avec l'intérêt collectif.

La fonction externe. --- D'ailleurs le personnel de l'usine n'est pas le seul intéressé à son parfait fonctionnement. Comme il doit fournir à la société entière les produits du travail qui lui sont nécessaires, il y a solidarité entre le milieu interne et le milieu externe. Les cas que l'on peut nommer pathologiques en font la preuve. C'est l'usine anémiée par la concurrence et qui disparaît; c'est l'usine tour à tour en état de malaise ou de prospérité selon que les capitaux qui lui viennent de l'extérieur assurent ou gênent son fonctionnement, et selon que la matière première qui alimente son travail et les débouchés qui permettent l'écoulement de ses produits se trouvent en plus ou moins grande abondance. Parfois le fonctionnement interne semble trop bien assuré, l'usine devient pléthorique, elle constitue un danger pour la société qui est contrainte à l'assimiler, soit par des procédés de surveillance très stricts, soit par la création d'un monopole.

Une des fonctions de l'usine est encore d'agir sur les individus pour les discipliner, en faire des éléments sociaux supérieurs dans leur action et même dans leur intelligence. Pour y parvenir, elle doit leur fournir un travail capable de mettre de plus en plus en jeu leurs facultés psychologiques au détriment des fonctions musculaires.

L'usine, enfin, joue un rôle dans l'action internationale, en augmentant la richesse d'un pays, en lui donnant la puissace économique et même dans certains cas la puissance militaire par la valeur du matériel de guerre.

Ainsi donc la hiérarchie bien comprise s'impose comme une nécessité pour assurer le fonctionnement interne et la fonction externe de l'usine. Mais ses dangers qui sont graves résultent du développement même de ses fonctions : c'est-à-dire de la subordination du fonctionnemet interne à la fonction externe. Pour accroître la prospérité de l'usine, on tend vers une production exagérée, on livre à la consommation des produits inférieurs. Parfois aussi telle industrie prend une importance sociale exagérée contre laquelle l'Etat, qui représente en quelque sorte la conscience des divers groupes, doit réagir.

La hiérarchie peut constituer aussi un instrument d'oppression pour l'individu, en lui imposant un travail excessif en vue de l'intérêt commun, en exerçant une contrainte sur ses idées et ses actes.

Dans ces conditions — fréquentes en fait — la hiérarchie apparaît non comme le moyen de réaliser une collaboration ordonnée, mais comme un facteur d'asservissement.

De cette activité aveugle de l'usine, où l'on n'envisage jamais les fins collectives vers lesquelles elle doit tendre, résultent les conflits toujours latents entre les nations : guerres de tarifs qui créent des animosités fondées, obligation d'inonder de produits les nations voisines et, par là, de tuer l'initiative nationale. Un fait, pris entre mille, mettra en relief cet état de choses : à la dernière exposition de l'art pour l'Enfance, qui eut lieu au Musée Galliéra, avant la guerre, si les poupées, et certains jouets modernes furent à peine représentés, c'est que les commerçants n'osèrent pas exposer des objets manufacturés en Allemagne et qui, peu à peu, par leur affluence et la modicité des prix, avaient remplacé la vieille technique du jouet parisien.

Enfin nous n'insisterons pas sur ce fait amplement démontré que la guerre moderne a presque toujours comme facteur essentiel la nécessité pour une nation qui surproduit de trouver des débouchés.

L'usine organisée d'après les principes de W. Taylor.

Tandis que dans l'usine non taylorisée les perfectionnements résultent de l'activité de l'ensemble, dans l'usine nouvelle W. Taylor introduit un organisme surajouté : les services de perfectionnement. Dès lors le rôle de l'ingénieur devient prépondérant, car c'est exclusivement de lui que l'on attend les transformations nécessaires.

L'ingénieur est chargé de perfectionner l'outillage, de rechercher les règles de l'utilisation de la main-d'œuvre, de diriger les fonctionnaires intermédiaires, et ainsi il éclipse en activité le chef d'industrie lui-même. L'amiral mécanicien Edwards, tout en critiquant avec force le système Taylor, a reconnu que l'un de ses avantages était de préciser et d'étendre les fonctions de l'ingénieur dans l'administration de l'usine.

Par contre, le rôle du contremaître se réduit d'importance et ses fonctions se partagent.

Grâce à un système de fiches, l'ouvrier connaît avec précision son travail journalier; le chronométreur lui enseigne, à tout instant, les moyens de le réaliser, et un surveillant s'assure de plus qu'il observe les conditions déterminées par le chronométreur.

Ainsi le rôle du contremaître est réduit à celui d'un agent de police intérieure; on peut même prévoir le temps où la fonction devenue inutile par suite d'une organisation générale plus stricte, disparaîtra d'elle-même. « Avec cette organisation, écrit W. Taylor, le contremaître unique d'autrefois est remplacé par huit hommes dont chacun a une charge spéciale... Un de ces instructeurs, l'inspecteur, s'assure que l'ouvrier comprend les dessins et les instructions données; il lui indique quelle espèce de travail on lui demande, fini

et exact dans certains cas, simplement dégrossi et
rapide lorsque l'exactitude n'est pas indispensable. Un
second, le chef d'équipe, montre comment il doit
placer la pièce sur la machine et lui indique les
mouvements qu'il doit faire, pour travailler le plus
rapidement possible. Un troisième, le chef d'allure,
s'assure que la machine est conduite à la vitesse convenable et qu'on emploie l'outil approprié, permettant
de terminer la pièce dans le temps le plus court. A
côté de ces instructeurs, l'ouvrier reçoit encore des
directions et des conseils de quatre autres employés :
du chef d'entretien, pour le réglage et la tenue générale
de la machine et de sa transmission, du comptable
chargé de l'établissement des fiches de paye, du
commis qui indique dans quel ordre le travail doit être
fait et de quelle manière les pièces doivent passer d'un
atelier dans l'autre, et enfin, dans le cas où il s'élève
des contestations, de l'employé chargé de maintenir
la discipline générale[1]. »

Gilbreth a caractérisé l'organisation telle que la veut
W. Taylor en l'opposant à l'organisation hiérarchique
traditionnelle, où chaque individu est responsable
vis-à-vis d'un seul homme placé au-dessus de lui[2].
L'autorité s'exerce en ligne simple et directe, ce qui
est le cas de l'organisation militaire, religieuse, et ce
qui a été pendant longtemps le cas de l'organisation

1. W. TAYLOR. *Principes d'organisation scientifique des usines,*
p. 133 et 134.

2. FRANK-P. GILBRETH. Units, methods, and Devices of measurement under scientific management. *The Journal of Political
Economy,* juillet 1913, p. 618 à 629.

politique. La hiérarchie s'affirme par les hommes et les grades plutôt que par les fonctions. Gilbreth exprime graphiquement ce fait dans la fig. 10, que nous reproduisons.

Dans le système Taylor, le classement des individus se fait de façon exclusive par fonctions (la fig. 11 en

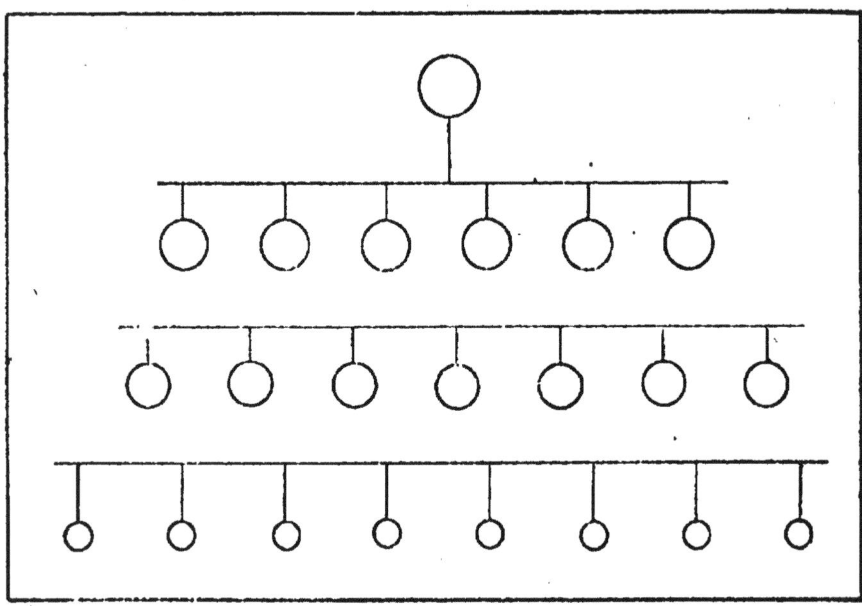

Fig. 10. — Diagramme montrant le chemin des « directions » dans l'organisation traditionnelle ou militaire (D'après Gilbreth).

donne une explication), et se différencie aisément du précédent.

Il s'établit alors une séparation entre l'étude des travaux et leur exécution. L'ouvrier reçoit des ordres directs de huit instructeurs. Chacune des quatre fonctions de l'*étude* est indépendante mais reste en rapport, d'une part avec l'ouvrier, d'autre part avec

les chefs des quatre fonctions d'*exécution*. Ces derniers
se trouvent eux-mêmes en relation avec l'ouvrier.

Voyons maintenant quelles sont les attributions de
chaque fonction.

Etude du travail. — I. Route des matériaux. — Le
ou les titulaires doivent déterminer à l'avance le chemin

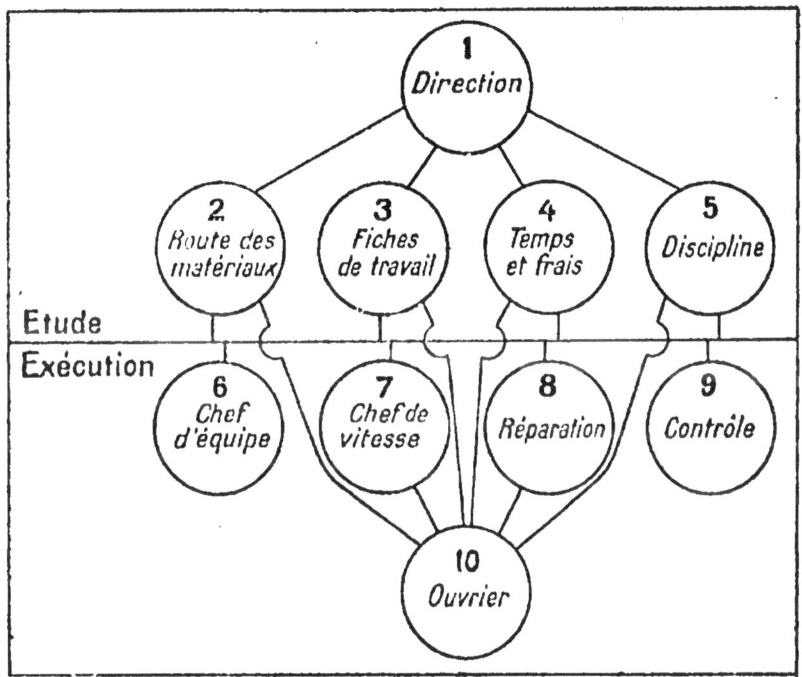

FIG. 11. — Diagramme montrant le principe du fonctionnement
dans l'organisation scientifique (D'après Gilbreth).

que chaque objet brut ou manufacturé doit parcourir,
la vitesse du transport, le temps de séjour dans les
réserves, le passage aux diverses opérations du travail.
Par exemple, dans le « bâtiment », ce fonctionnaire

décidera où devra être placée la voiture, le moment où elle rentrera au chantier, la route qu'elle doit suivre, sa place finale, où seront déchargés les matériaux et enfin qui doit exécuter le travail. On peut évidemment, dans une grande entreprise, en déplaçant les machines, économiser beaucoup de temps et d'efforts.

2. *Fiche de travail.* — D'une manière générale, elle contient des instructions de deux sortes : les unes relatives à l'ouvrier pour l'exécution du travail, les autres relatives aux chefs des services d'exécution pour la direction de leur surveillance dans un travail donné.

Outre la précision des indications se rapportant au travail à effectuer, cette fonction doit donner les moyens de réduire le gaspillage, et fixer les routes à suivre d'après les données du service précédent.

3. *Temps et frais.* — Lorsque l'ouvrier a fini son travail, un relevé du temps et des frais de l'opération est remis à un employé qui calcule la paye, y compris les « bonis » et le prix de chaque opération secondaire.

4. *Discipline.* — Le fonctionnaire chargé de ce service doit trancher les différends, mais surtout prévoir les conflits et veiller toujours à les éviter.

Fonctions d'exécution. — Le *Chef d'équipe* est l'instructeur de l'ouvrier. Il lui apprend à lire sa fiche de travail, il l'encourage et l'entraîne. Pour le stimuler lui-même, on lui accorde un boni proportionné à celui que touchent les ouvriers mis sous ses ordres. Et si tous les ouvriers réussissent à gagner leur boni on double le sien.

Le *Chef de vitesse* règle l'allure des machines conformément aux indications de la fiche de travail.

Le *Chef de réparations* veille au bon état de propreté et d'entretien. Il pratique lui-même toutes les réparations urgentes.

Le *Contrôle* s'assure que toutes les choses sont au point, lorsqu'un ouvrier entreprend la première pièce d'une série. Il surveille et critique sans cesse, non pour le plaisir de trouver des erreurs, mais pour les corriger et les faire éviter.

Tel est, résumé de façon aussi exacte que possible, le schéma que Gilbreth nous a tracé du système Taylor. Ce schéma présente l'avantage de mettre assez bien en relief la cohésion de tout le système. On peut se demander si, dans la pratique, tous ces postes peuvent être tenus et si ces nombreux fonctionnaires n'enlèvent pas à l'ouvrier les petits loisirs qui rythment l'activité professionnelle à l'aide de repos nécessaires, et si au total il n'y a pas autant de temps perdu que dans le système ancien? Mais là n'est pas le but de notre recherche. Il ressort de ce parfait agencement de l'usine, que tout y est organisé afin que l'ouvrier produise beaucoup. Quelle que soit la situation hygiénique et morale qu'on lui crée, il n'en reste pas moins vrai que c'est lui qui produit, que c'est de son activité physique et psychique parfaitement adaptée que doit venir le surrendement de l'industrie.

Certes, on ne peut nier que cette organisation, en fixant les responsabilités de la direction, ne concoure à moraliser le patronat. Nul chef d'industrie ne saurait plus désormais se désintéresser de son usine et la considérer uniquement comme une source intarissable de revenus personnels. W. Taylor l'incite — dans son intérêt même — à chercher sans cesse à améliorer les procédés techniques, pour ce qui relève et de l'outillage et de l'utilisation intensive de la main-d'œuvre. Le rôle de la direction est a tel point amplifié qu'il devient nécessaire de le diviser entre un certain nombre de spécialistes, chargés d'approprier les procédés scientifiques au travail ouvrier.

La direction est ainsi entraînée à modifier ses caractères anciens qui s'adaptent mal aux rouages présents. Elle devient moins personnelle, moins indépendante; le nombre des collaborateurs nécesaires à son œuvre tend à la rendre collective.

Sans doute, la propriété de l'entreprise reste individuelle. Mais le travail de la direction se segmente et se spécialise. Ainsi le système Taylor répond aux nécessités de l'évolution industrielle qui, par suite de l'étendue des entreprises, de la concentration des capitaux, de l'extension du machinisme, tend à substituer à l'effort d'un seul, dans la production centralisée, les efforts synergiques d'un groupe.

Dans l'usine organisée suivant les données de W. Taylor, règne un ordre plus grand, car les forces dont chacun dispose sont employées pour l'œuvre commune de la production intense, et parce que les résultats de l'effort général étant déterminés à l'avance, la direction établit le prix de revient des objets manufacturés et prévoit — pour un temps assez long — la marche de son industrie.

Sans cet ordre nouveau, le système Taylor, d'ailleurs,

ne paraîtrait pas applicable. Il n'a de valeur que si le travail de l'ouvrier reste constant. Or, un ralentissement se produit-il dans le travail de préparation qui incombe à la direction, l'ouvrier voit sa paye diminuer, chaque instant consacré à la tâche devant être productif et pour lui et pour le patron.

Cette profonde solidarité matérielle qui lie tous les membres de l'usine n'a pas toujours été bien comprise. En France, nous en avons acquis la certitude, l'ouvrier qui subit la contrainte du système Taylor n'en retire pas toujours, en raison des lacunes administratives, les avantages dont on l'a leurré.

Le ralentissement de la production peut provenir d'une autre cause : l'arrêt dans l'écoulement des matières fabriquées. Nos industriels, en même temps qu'ils appliquent la méthode Taylor, sont-ils assurés de répandre largement leurs produits? Une organisation nouvelle des usines impose à la direction de prévoir la suractivité commerciale.

Cette organisation nouvelle pose encore un problème très délicat, traité, à notre avis, de façon trop sommaire par W. Taylor : celui de la psychologie de l'ouvrier et du rôle personnel qu'il joue dans le perfectionnement de la technique.

Quelles que soient les affirmations de W. Taylor la tendance essentielle de son œuvre est de substituer à l'initiative libre du travailleur une initiative nouvelle : le stimulant, le soutien que l'effort patronal lui impose.

Le système comporte en effet :

1° Des recherches expérimentales faites en dehors de l'ouvrier;

2° Une spécialisation, une formation et un entraînement du travailleur;

3° Une surveillance de chaque ouvrier pour s'assurer que les règles du travail sont toujours strictement observées;

4° Un effort de la direction pour tout ce qui dépasse les ouvriers, ces derniers n'ayant ni le pouvoir, ni le droit de perfectionner la technique, « la directions se chargeant de tout ce qui dépasse la compétence de ceux-ci[1]. »

W. Taylor a beau affirmer que dans son système « cette initiative est obtenue avec une uniformité absolue et à un degré au moins aussi grand que dans l'ancienne méthode[2] », on ne parvient cependant pas à relever la part qui incombe à l'ouvrier dans le perfectionnement technique. Il semble bien que W. Taylor donne au mot « initiative » un sens différent du nôtre, et qu'il se leurre à l'aide de cette « philosophie » adjointe à son système qui n'est, en somme, qu'un acte de foi en une notion trop simpliste de la science.

En fait, il diminue l'initiative individuelle dans la mesure où il divise le travail. Il suit le sens de l'évolution des techniques et non celui du développement humain.

1. W. TAYLOR. *Principes d'organisation scientifique des usines,* p, 53.

2. W. TAYLOR. *Principes d'organisation scientifique des usines,* p. 52.

Sont-ce bien là des mesures prises dans l'intérêt commun? faut-il spécialiser à outrance l'activité des hommes et leur enlever toute participation à l'œuvre d'ensemble, ou, à l'inverse, et pour des raisons toujours méconnues de W. Taylor, faut-il laisser aux ouvriers la possibilité de perfectionner la technique qu'ils appliquent et d'apercevoir le mécanisme dont ils sont un des rouages?

Le chronométrage aussi strictement appliqué que le veut W. Taylor fait réaliser à la spécialisation ouvrière un progrès tel qu'on peut désormais la considérer comme achevée. Toutes les forces de l'ouvrier se trouvant utilisées pour le rendement maximum, il ne saurait être question ici d'en distraire une seule pour le travail d'invention.

W. Taylor s'abuse lui-même lorsqu'il admet que toute spécialisation entraîne un progrès technique, parce qu'en science les travailleurs les plus spécialisés sont ceux qui apportent aux méthodes un développement nouveau. Ce ne serait que par un abus de mots qu'on arriverait à comparer ces deux ordres de travailleurs : l'ouvrier chronométré et le savant de laboratoire. Toutes les forces de l'un sont consacrées à la production industrielle; les efforts partiels de l'autre tendent vers la création. Pour que l'ouvrier puisse avoir une part active dans les progrès techniques, il ne faudrait pas qu'il arrivât — sa tâche achevée — à l'épuisement complet de ses forces; il faudrait qu'il pût, en dehors des heures de travail, trouver assez de temps libre pour réfléchir sur la pratique de son métier et se préoccuper de ses intérêts professionnels.

En cela nous nous trouvons presque en contradiction avec les idées de W. Taylor, car s'il parle souvent de *coopération*, il interprète le mot dans le sens de *contrainte*.

Un des disciples les plus fervents de W. Taylor, M. Wallichs, a pu écrire pour répondre à ceux qui affirment que Taylor enlève à l'ouvrier la part intéressante de son labeur, une page qui légitime plus que jamais les critiques. « La séparation des travaux manuels et intellectuels est le point sur lequel la critique du système Taylor a porté le plus... Il faut un plus grand nombre d'employés pour le travail mental dans le système Taylor. Au lieu de $\frac{1}{7}$, $\frac{1}{8}$ ou même $\frac{1}{12}$ de l'effectif des ouvriers, il arrive à $\frac{1}{3}$. On peut donc dire qu'au contraire de ce qu'on lui reproche, le nouveau système élève un plus grand nombre de travailleurs dans l'échelle de l'activité professionnelle, et ne laisse au travail purement mécanique qu'une masse de gens impropres à toute activité, et qui d'ailleurs lui seraient la plupart du temps hostiles[1]. »

Doit-on admettre que la sélection à outrance soit un mal inévitable et aboutisse à la formation de deux types humains, comme J.-H. Wells l'a montré dans son roman *La machine à explorer le temps?* Non, car pour qui sait observer les courants sociaux qui s'établissent à travers les générations successives, l'humanité supérieure se recrute indifféremment dans

1. WALLICHS. Moderne americanische Fabrikorganisationen. *Technik und Wirtschaft*, Jahrgang 1912. Heft 1.

le monde des travailleurs manuels et dans celui des travailleurs intellectuels.

Des tentatives mieux inspirées que celles de Taylor sont faites pour régler les rapports de la direction et des travailleurs sur d'autres bases que la contrainte qui se dégage du système américain. En France, par exemple, à l'usine du *Val-des-Bois* un conseil d'usine composé du patron et d'une délégation d'ouvriers se réunit chaque semaine pour fixer les améliorations propres à faire fructifier l'entreprise.

Ailleurs, dans les mines de houille de la Nouvelle-Galles du Sud et du comté de Monmouth, un contrat, renouvelé chaque année, lie les administrateurs de la Compagnie et les représentants ouvriers. On y établit l'échelle des salaires des mineurs proportionnellement au revenu de l'entreprise.

Certes, ce ne sont pas là des types parfaits et définitifs d'organisation; nous les choisissons à dessein très opposés; l'un a été déterminé par les sentiments tout à fait chrétiens du chef de l'usine; l'autre par la poussée des sentiments syndicalistes. Ils valent ce que valent des expériences partielles et très réduites, mais ils servent à montrer qu'il est possible d'instituer une coopération réelle et efficace autrement que par la contrainte patronale.

Jadis le travail, parce qu'il se trouvait moins spécialisé, gardait un caractère attrayant et bienfaisant. La variété, l'initiative, le rythme que l'ouvrier y trouvait lui ont été enlevés pour être reportés, avec la responsabilité et les charges que cela comporte, sur l'ingénieur et les fonctionnaires intermédiaires. Ainsi l'ouvrier seul — si l'on sait voir les choses objectivement et dans leur ensemble — est sacrifié aux nécessités du travail moderne. On lui doit donc, pour se montrer équitable et prévoyant en ce qui concerne la race elle-même, de légitimes compensations. Il les trouvera en dehors de l'usine, dans une liberté plus grande, par le bien-être matériel et moral, par une participation directe et consciente à l'action collective. Ces considérations, sur lesquelles nous ne pouvons insister, montrent combien les problèmes que W. Taylor croit résoudre en réorganisant les usines, sont vastes et complexes, et comment il n'a guère vu au dela des nécessités du rendement immédiat.

En négligeant ces données, on fait naître, en France du moins, des difficultés qui s'opposeront bientôt à l'application du système. Un chef d'industrie eût-il fait pour transformer ses ateliers tous les sacrifices d'argent nécessaires, se heurtera à un obstacle insuffisamment prévu par W. Taylor : la volonté de l'ouvrier. Celui-ci, écarté de façon systématique du plan de réformes, n'acceptera pas volontiers la soumission qu'on lui impose [1].

Tandis qu'il admet d'être chronométré lorsqu'il entreprend — pour son plaisir — une course à pied

---

1. Relevons cependant que Gilbreth a noté dans son article : Units, methods and Devices of measurement under scientific management (*The Journal of Political Economy*, juillet 1913, p. 618 à 629), que les résultats prévus par l'application du système Taylor ne peuvent être réalisés « que si l'organisation est soutenue par la coopération volontaire des ouvriers. Sans cela il n'existe pas de direction scientifique ».

C'est précisément sur ce point de l'adhésion volontaire de l'ouvrier que le système Taylor pèche gravement par défaut de psychologie.

ou à bicyclette, il supporte mal le chronométrage imposé par un chef, au cours de son activité professionnelle. Dans le jeu , dans les sports, en effet, toute mensuration est acceptée, sollicitée même, car elle n'indique que la mesure d'une supériorité éventuelle. Dans le travail elle est imposée pour des fins que l'ouvrier ignore ou qu'il aperçoit mal et dont il se méfie. En fait, son attitude demeure celle de la prudence.

Prévoyant cet état d'esprit, W. Taylor ne cesse d'insister sur les avantages personnels et immédiats que le travailleur retire du chronométrage. Cependant, l'ouvrier s'aperçoit que jamais il ne saura dans quelle mesure son surcroît de rendement correspond au bénéfice de l'entreprise entière.

Le sentiment qui pousse W. Taylor à obtenir des ouvriers un rendement maximum lui a fait négliger l'étude de quelques caractères du travail industriel, sans lesquels, dans bien des pays, il ne peut y avoir de production parfaite. Certains ouvriers apportent dans leur travail des qualités de goût, de recherche qui distinguent leur « faire » de celui des autres. L'outil, qu'ils savent manier avec habileté, leur apparaît comme façonné à leur corps, et ce serait dans bien des cas leur retirer une part de leur supériorité que de les forcer, ainsi que le veut W. Taylor, à utiliser l'outil commun numéroté sur la fiche journalière et au magasin.

Une autre question de psychologie ouvrière se présente encore : l'organisation de W. Taylor peut-elle être imposée aux ouvriers?

Chefs d'industrie, ingénieurs, chronométreurs, surveillants, tous accepteront le système Taylor, car il y va de leur intérêt et la besogne qu'ils assument n'est pas passive. Mais l'ouvrier surmené au nom d'une science dont il ne connaît pas l'objet, dépouillé de ce qui donnait l'attrait au travail ancien, se montrera rebelle à l'organisation nouvelle.

W. Taylor propose une méthode pour lever la difficulté. Il faut persuader aux ouvriers qu'ils ont intérêt à seconder les efforts de la direction pour instituer un système rationnel du travail. Ses moyens de persuasion, d'ailleurs assez sommaires, consistent à faire miroiter devant l'ouvrier l'augmentation du salaire et le mérite qu'il y a à devenir l'assistant du patron et à coopérer à la grande œuvre de l'organisation scientifique du travail.

Si l'application de cette méthode est loyalement faite, elle peut donner de très bons résultats. Mais Taylor l'a-t-il lui-même employée? Cela ne ressort d'aucun fait précis et nous ne pensons pas que l'application en soit possible, même en Amérique, car elle aurait pour conséquence de transformer les relations des ouvriers et des patrons. Or, ces derniers s'y opposent toujours.

Par contre, l'ouvrier en présence de ce qui existe objectera à ces promesses illusoires les arguments suivants : « on augmente mon salaire de 25 à 75 pour 100. On augmente aussi mon rendement et ma fatigue. On augmente en outre le bénéfice réalisé dans l'usine. Y a-t-il un rapport constant entre ces diverses augmentations? Il faut que l'on m'en donne la preuve, sinon je suis volé; et si l'on m'affirme que je coopère à la grande œuvre commune, il faut que je sois consulté, ne serait-ce qu'au point de vue de garantir l'intérêt de ma santé et de mon bien-être. » S'il a lu le livre de Taylor, il exprimera de façon plus dure son jugement encore, car il se rappellera ces mots : « Une longue série d'expériences, jointes à des observations précises, avait montré que... *si l'augmentation de salaire dépasse 60 % beaucoup d'ouvriers se mettent à travailler irrégulièrement et deviennent extravagants et dissipés; ce qui montre, en somme, qu'il n'est pas bon pour la plupart des gens de s'enrichir trop vite*[1]. »

Une opinion aussi entière prouve comment W. Taylor impose son système sans s'inquiéter du problème des rapports du capital et du travail. D'une part il ne résout rien; de l'autre il accentue, par le surcroît de besogne imposé, la fatigue ouvrière. Pour qu'il restât dans les limites de la justice, il faudrait qu'à l'excès de rendement correspondît, malgré l'élévation concomitante des salaires, une diminution notable des heures de travail. W. Taylor y a songé, mais ses mesures sont restées trop timides et la guerre incessante qu'il fait à la soi-disant flânerie les rendent à peu près inefficaces.

Ses affirmations en cette matière sont même si évasives que certaines usines parisiennes où fonctionnaient le chronométrage, ont maintenu en 1913, à 11 par jour le nombre des heures de travail, c'est-à-dire à la limite imposée par la loi[2].

1. W. TAYLOR. *Principes d'organisation scientifique des usines*, p. 83.

2. L'application de la journée de huit heures en France a, depuis

De tels abus, contre lesquels W. Taylor ne s'élève pas avec violence, alors qu'il en a eu toute la liberté, intéressent et le rendement industriel général et l'avenir de la race. Ils ne seront évités que par le contrôle du psycho-physiologiste chargé d'assister le chronométreur chaque fois qu'un travail nouveau sera instauré dans l'usine. Le médecin lui-même ne saurait assumer une telle tâche, car il ne peut que constater les maladies et les cas d'extrême fatigue. Ses constatations sont tardives. Le psycho-physiologiste, lui, prévoit les effets du travail nouveau et détermine, par des expériences toujours renouvelées, le moment où le maximum de l'effort normal est atteint. Cette détermination n'est pas aisée. Par suite du changement intervenu dans les techniques industrielles les signes qui, jadis, trahissaient la fatigue musculaire n'apparaissent plus guère. Il faut en déceler de nouveaux pour atteindre l'usure que des efforts d'autre nature occasionnent chez l'ouvrier. Nos propres recherches ont prouvé, à diverses reprises, que les plaintes des travailleurs et leur aveu d'épuisement étaient fondés. Poursuivant l'étude du mécanisme de la fatigue, de sa nature, de sa localisation dans les métiers qui n'exigent pas d'efforts musculaires, nous avons établi les signes physiques qui permettent de la reconnaître, avant tous accidents. Ces premiers essais devront être continués afin d'aboutir à des précisions plus grandes.

1919, modifié la question de la fatigue ouvrière, qui porte beaucoup plus aujourd'hui sur la recherche du rythme à imposer au travail pour obtenir, dans chaque profession, un maximum de rendement, que sur les effets massifs d'une fatigue exagérée par les longues présences à l'usine.

Une autre méthode permettrait peut-être l'application du système américain. W. Taylor ne l'a pas exposée, bien quelle soit, plus que la précédente, en accord avec ses principes. Elle consiste à traiter l'ouvrier comme une quantité négligeable, à modifier l'organisation de l'usine sans l'en aviser.

Dans le système Taylor, en effet, l'ouvrier n'est considéré que comme l'une des pièces de ce grand échiquier que forme l'usine. La direction le meut et l'utilise pour des fins inconnues car, dit l'auteur, un manœuvre ne saurait s'intéresser aux bénéfices lointains de l'affaire à laquelle il est lié. Dans ces conditions il devient inutile de lui fournir des explications sur la besogne qu'on lui impose. Ce procédé, si paradoxal que cela puisse paraître, est le plus employé à l'heure actuelle et celui qui donne le plus de résultats.

On n'introduit pas tout d'un coup dans les usines d'Europe le système Taylor, mais lentement et avec d'infinis ménagements. Les précautions même que l'on est obligé de prendre sont la garantie que l'esprit des principes de W. Taylor est respecté. L'usine évolue alors vers une organisation perfectionnée, en même temps que l'on évite les dangers des brusques révolutions.

Dans l'usine nouvelle ainsi transformée, la responsabilité du chef d'industrie est gravement engagée. Ni la participation ouvrière, ni le contrôle des pouvoirs publics ne peuvent, dans l'état actuel de notre législation, l'atténuer. Seul le concours d'un homme de laboratoire, dégagé des intérêts de parti, sera susceptible d'établir quelques règles du travail adaptées aux possibilités physiques des travailleurs. Mais, par suite d'un préjugé persistant, les industriels cherchent à dérober aux hommes de science leurs tentatives.

Certes, la science a toujours été l'ennemie irréductible des organisations qui se refusent à évoluer. Mais ici où W. Taylor en appelle sans cesse aux découvertes expérimentales pour perfectionner l'outillage et l'organisation intérieure de l'usine, ses imitateurs ne devraient pas suspecter les méthodes scientifiques. Par là, ils laisseront croire que leur désir d'amélioration ne va pas au delà de ce qui permet le rendement intensif, et ils légitimeront les revendications brutales de la classe ouvrière.

Donc, W. Taylor n'a pas transformé dans son entier l'organisation des usines; tout au plus en a-t-il activé le progrès actuel en cherchant à y introduire un organisme de perfectionnement. Il n'attend rien du hasard, ni des forces économiques aveugles. Son plus grand mérite est, à coup sûr, d'avoir réalisé lui-même les innovations que son expérience d'ingénieur lui commandait, d'avoir discipliné les forces éparses en vue d'un ordre déterminé par des observations raisonnées. Cependant le système très rigoureux qu'il a établi engendre deux effets dont il faut signaler les dangers : d'abord la spécialisation, qui est un bien, mais qu'il serait sage d'accompagner de mesures sociales acceptées par tous et capables de préserver l'individu et la race. La réglementation des heures de travail, en dehors même de la fatigue qu'elle a pour but d'éviter, vise encore à sauvegarder la vie intellectuelle, aussi réduite soit-elle, du plus humble des ouvriers. Ensuite l'aggravation de la fatigue chez les travailleurs, par l'ordre rigoureux introduit dans l'usine. Le problème de la fatigue ouvrière se pose donc d'une manière pressante dans un essai d'application du système.

Si ces deux conséquences de l'organisation intérieure de l'usine sont prévues, on doit accepter comme favorables les innovations de Taylor. L'ordre et l'hygiène ne peuvent, en effet, qu'être bienfaisants pour les travailleurs de toutes catégories.

⁎

L'intérêt témoigné de toutes parts au système Taylor a tenu sans doute à ce qu'aucune méthode d'organisation rationnelle du travail ne pouvait lui être opposée. Pourtant les initiatives n'ont pas manqué, tant en France qu'en Amérique. Et si aucune ne présente l'ampleur du taylorisme, la plupart ont réalisé, dans le détail, des progrès importants, que le directeur des usines de Bethléem aurait pu utiliser avec profit.

C'est ainsi que les usines Ford, à Détroit, ont créé de toutes pièces une organisation originale qui, pour être moins systématique que celle de Taylor, la dépasse cependant en valeur technique et productive.

Tout l'effort des chefs d'industrie a porté ici sur le perfectionnement de l'outillage, en vue de diminuer la manutention des moindres pièces et de parvenir à les compléter toutes sans les emmagasiner. — Innovation aussi grande, certes, que celles qui font la célébrité de Taylor.

La matière première entre dans l'usine et en ressort sous forme de voiture automobile sans que les pièces détachées aient été emmagasinées. Le résultat dépasse tout ce qu'une production raisonnée avait permis jusqu'à ce jour. En effet, en 1914, les usines Ford pouvaient livrer — en faisant travailler 15.000 ouvriers et employés — plus de 1.000 voitures par jour. Ce qui revient à dire, en réduisant les choses à une moyenne, que 15 ouvriers pouvaient servir à fabriquer, chaque jour, une voiture. Travaillant huit heures, ceux-ci recevaient un salaire minimum de 25 francs. Quant à la voiture, elle était mise en vente, à un prix si minime, qu'il déconcertait les industriels français [1].

Ford n'est pas le seul à avoir réalisé des procédés de fabrication d'une intensité extrême. En France, des industriels, qui ignoraient de tous points le système Taylor, ont obtenu une organisation rationnelle des usines, qui peut servir de type. Nous avons pu l'observer à Troyes, dans une fabrique de bonneterie. Mais l'exemple le plus significatif nous est fourni par les usines Saint-Jacques, de Montluçon, où M. Charpy, — qui depuis a été élu membre de l'Institut et qui vient d'être chargé de la direction générale de la Compagnie des Forges et Aciéries de la Marine et d'Homécourt — a réalisé une des plus belles organisations industrielles de notre époque.

Un exposé de ses méthodes figure dans une courte

---

1. Voir, pour le détail de cette organisation si curieuse, H. L. ARNOLD et F. L. FAUROTE, *Ford methods and the Ford Shops*, New-York 1915, 1 vol., 440 p., très illustré.

publication[1] faite par la Société d'Encouragement à l'Industrie Nationale.

Deux innovations caractérisent l'œuvre de M. Charpy. C'est, d'une part, une judicieuse division du travail, par le partage entre les travaux de surveillance et ceux d'exécution. De l'autre, l'établissement d'un rythme rationnel du travail.

Fait à noter : la notion nouvelle de surveillance ne porte pas sur l'observation continue des gestes de l'ouvrier, mais sur la marche du travail lui-même.

La surveillance des fours à réchauffer par traitement thermique aussi bien que la commande du laminage (rythme des opérations et surveillance des lingots dans les fours) reviennent à des employés spéciaux qui, de leur cabine isolée, suivent et règlent la marche des opérations. L'ouvrier se trouve donc déchargé de cette surveillance minutieuse qui se transforme en un travail de bureau simple et efficace.

Cette division du travail entraîne une spécialisation des aptitudes. L'ouvrier qui, jadis, surveillait ses fours et manipulait le métal, est remplacé par deux travailleurs : l'un qui continue à manipuler le métal; l'autre qui surveille — à l'aide de méthodes scientifiques

---

1. G. CHARPY, *Essais d'organisation méthodique dans une usine métallurgique. Bulletin de la Société d'Encouragement à l'Industrie Nationale*, séance publique du 8 mars 1919. Au cours de cette conférence, M. Charpy a commis, à notre endroit, une erreur d'interprétation en nous reprochant de douter de la bonne volonté des ouvriers à l'égard de l'organisation rationnelle des usines. En disant que l'ouvrier « se montrera rebelle à l'organisation nouvelle », nous ne visions que le procédé contraignant du chronométrage tel que l'emploie Taylor. Pour le reste, nous sommes d'accord avec M. Charpy.

nouvelles — la marche des opérations et règle l'activité du premier.

La force, l'habileté motrices, sont seules nécessaires au lamineur. L'attention soutenue, la mémoire des signes, représentant les opérations qui se poursuivent dans l'atelier, sont nécessaires à l'employée de bureau. Celle-ci, en effet, suit de sa cabine des opérations qu'elle ne voit pas. Ainsi, chaque perfectionnement introduit dans la technique industrielle exige une éducation plus grande des aptitudes physiques et psychiques mises en jeu. La sélection des travailleurs — faite à l'aide des méthodes de la psycho-physiologie — s'impose donc chaque jour davantage.

Une telle modification apportée dans le travail des ouvriers de la métallurgie n'est pas, — ainsi que l'affirmerait a *priori* Taylor, — moins fatiguant que l'ancien mode de travail. Bien que M. Charpy n'ait pas eu recours au chronométrage simpliste de Taylor, il a su imposer à ses ouvriers une intensité de travail accrue. Il les prend dans l'engrenage de son système rationnel, qui les conduirait au surmenage s'il n'y adjoignait une méthode capable de leur imposer des repos intercalaires.

Ce qui caractérise cette organisation, c'est le *rythme de travail volontairement accepté* par tous. Or, ce rythme, au lieu d'entraîner l'ouvrier à surproduire, règle et modère son activité de manière à assurer des repos intercalaires suffisants, C'est, en effet, d'accord avec les ouvriers, que M. Charpy fixe l'allure du travail.

« Les ouvriers, dit-il, se prêtent volontiers à ce mode de travail; ils se rendent bien vite compte que le travail rythmé leur cause moins de fatigue, à rendement égal. Ils apprécient l'avantage qu'il y a à accomplir une tâche parfaitement réglée dans tous ses détails, à être par conséquent soustraits à tout reproche injustifié, à toute intervention arbitraire, ce qui est la chose qu'ils ont particulièrement en horreur et avec juste raison. L'allure à laquelle ils travaillent est réglée, d'accord avec eux, dans chaque cas particulier, et peut être modifiée, sans aucune difficulté, à un instant quelconque, au cours même de la journée de travail. On peut être certain d'éviter ainsi la tendance au surmenage qui est un des plus graves reproches que l'on puisse faire au travail organisé. Avec la méthode très souple que je viens de décrire, on peut faire faire le même travail à des allures différentes, suivant les circonstances, demander un coup de collier, une production intense, si le temps est favorable et s'il y a du travail particulièrement urgent, et ralentir l'allure pendant les fortes chaleurs de l'été, ou si l'état des commandes conduit à les répartir sur un certain espace de temps. Cette marche irrégulière est infiniment plus logique et plus humaine que la production continuelle au maximum de vitesse réalisable que l'on considère souvent comme liée au système Taylor et qui soulève les plus graves objections au point de vue physiologique »[1].

Ce souci constant de considérer l'ouvrier autrement que comme un outil à rendement intense caractérise l'organisation française du travail... Non seulement M. Charpy règle l'allure du travail, d'accord avec les

1. Page 201.

ouvriers, mais, — contrairement à ce qui existe dans le système Taylor, — il limite, par le mode d'attribution des salaires, l'activité des ouvriers afin de préserver leur santé et de maintenir la perfection du travail. C'est ainsi que, chose imprévue, il accorde, entre autres primes, une allocation pour régularité du travail. Donc, après s'être entendu avec les travailleurs sur les règles à suivre, il utilise leur gain pour le respect de cette discipline librement consentie.

On sent, — bien que l'expression en reste vague, — que M. Charpy entend faire au physiologiste la part qui lui revient dans l'organisation moderne du travail. Nul doute, en effet, que la méthode ne se trouve améliorée, si l'on requiert l'avis du psycho-physiologiste au moment où sont fixées les règles du travail.

Le jour où cet avis sera demandé, les deux grands principes d'organisation du travail qui font défaut chez Taylor : sélection professionnelle préalable et étude du moteur humain en fonction du travail professionnel, permettront, en s'introduisant dans les usines, de placer les méthodes françaises avant les méthodes américaines.

CHAPITRE VII

LA PHYSIOLOGIE DU TRAVAIL D'APRÈS W. TAYLOR
ET LE PROBLÈME DE LA FATIGUE.

Les recherches de W. Taylor. — En exposant les principes généraux du système Taylor, nous n'avons pas eu à faire une mention spéciale des données physiologiques sur lesquelles l'auteur fonde ses théories. C'est que la valeur et la portée en sont très réduites et ne peuvent servir à caractériser l'œuvre de l'ingénieur américain.

Dans l'accord à établir entre la physiologie humaine, le rendement industriel et la réorganisation des usines, gît toute la difficulté du problème actuel du travail. W. Taylor s'en est tiré grâce à sa « philosophie » un peu verbale; il a apporté des résultats d'ensemble, mais aucune démonstration précise qui les commande. Il a formulé une loi sans que les expériences préalables soient suffisantes pour l'établir solidement.

W. Taylor semble avoir pour la loi une sorte de fétichisme et il oublie souvent que son caractère le mieux établi par la science est d'être relative.

Celle qu'il formule pour le travail des porteurs de gueuses, malgré le temps et les sommes énormes qu'il a consacrés à sa recherche, est bien précaire. Voici comment il l'établit. Après avoir accumulé les observations directes qui ne donnèrent pas d'indications utilisables, il se résolut à employer la méthode mathématique en représentant graphiquement chacun des éléments des courbes.

« M. Barth, dit-il, découvrit enfin la loi qui régit la fatigue causée à un ouvrier de choix, par un travail soutenu. Cette loi est si simple qu'il est vraiment curieux qu'on ne l'ait pas découverte plus tôt.

« La loi s'applique seule...ent aux travaux où la capacité de production est limitée par la fatigue de l'homme. C'est une loi d'effort soutenu, correspondant au travail du cheval de trait plutôt qu'à celui du trotteur. De semblables travaux s'exécutent pratiquement par une extension ou un rapprochement des bras de l'ouvrier, la force de l'homme s'exerçant en tirant ou en poussant quelque chose qu'il tient dans ses mains. La loi montre que pour chacun de ces mouvements, il n'est possible pour l'ouvrier d'être chargé que pendant une portion définie de la journée. Par exemple, pour manutentionner les gueuses de fonte pesant chacune 45 kilogrammes, l'ouvrier ne peut être chargé que pendant 43 % de la journée et doit rester les mains vides pendant 57 %. Si la charge est plus légère, la proportion du temps pendant lequel l'homme peut être chargé augmente de telle sorte que si l'ouvrier manutentionne des demi-gueuses pesant 22 kilogrammes il peut être chargé pendant 58 % de la journée; le poids décroissant, le pourcentage augmente et il existe une charge limite que l'on peut porter dans ses mains toute la journée sans être fatigué.

Au-dessous de cette charge la loi devient inapplicable et il faut la remplacer par une autre [1]... »

« Lorsqu'un homme transporte une gueuse de fonte pesant 45 kilogrammes, il se fatigue à peu près autant en restant immobile qu'en marchant, car les muscles de ses bras travaillent à peu près autant dans les deux cas. Or, un homme qui reste immobile en portant une charge, ne développe aucun travail et c'est pour cela qu'il n'existe aucune relation entre les kilogrammètres développés et la fatigue de l'ouvrier. Il est évident aussi que, dans un travail de ce genre, il est nécessaire que l'ouvrier reste les mains libres, c'est-à-dire se repose à de fréquents intervalles. Pendant le temps que l'homme est chargé, il se produit une dégénérescence des muscles des bras et il est nécessaire de ménager de fréquentes périodes de repos, pour que la circulation du sang ait le temps de régénérer les tissus [1]. »

Telles sont les considérations physiologiques que W. Taylor appelle des lois et sur lesquelles s'appuie son système. C'est peu, si l'on songe que, par l'action de contraintes multiples, tous les travailleurs doivent subir ces règles, et que nulle place n'est réservée, dans le système, à l'étude de la fatigue. Or, il est de connaissance courante que, lorsqu'on sait susciter chez l'homme l'appétit du travail, on l'amène aux mêmes excès que par l'appétit spontané de l'alcool. Le système Taylor tend à faire naître chez l'ouvrier, par la persuasion, l'intérêt ou la contrainte, le désir de

1. W. TAYLOR. *Principes d'organisation scientifique des usines,* p. 69 et 70.

surproduire. Peut-être n'y a-t-il là, de la part de l'ingénieur américain, qu'une méconnaissance des lois de l'organisme humain, car s'il a entrevu les conséquences que ses réformes pouvaient entraîner pour la santé de l'ouvrier, il conviendrait de lui adresser plus d'un reproche grave [1]. Nous n'examinerons pas ici le problème de la fatigue auquel un chapitre de notre ouvrage sera consacré plus loin, mais la question de savoir si — les observations étant supposées nombreuses et exactes — les lois énoncées s'en déduisent de façon certaine.

Certes, les procédés mathématiques employés par W. Taylor pour fonder ses lois ont une valeur plus grande que les données physiologiques qui ont dirigé ses observations, mais problématique encore, puisque nous ne possédons ni la reproduction, ni l'énoncé du détail des courbes établies à Bethlehem. Cela — qu'on ne l'ignore pas — vient influencer de façon singulière les jugements que l'on doit porter sur la partie scientifique de l'œuvre. Et, pour le faire en toute justice, nous rappellerons brièvement la technique de construction des courbes.

Pour construire la courbe d'un phénomène, il suffit

1. Le système Taylor a connu en France une vogue subite lorsque parut la traduction des *Principes d'organisation scientifique des Usines*, puis lorsqu'à la suite de l'application du système éclatèrent les grèves de la maison Renault. Dès ce moment nous en avons signalé les faiblesses et le danger (*L'Action Nationale* : le système Taylor, le chronométrage et la sélection professionnelle, juin 1913; — *La Revue Socialiste* : le système Taylor et l'organisation intérieure des usines, 15 août 1913; — *La Grande Revue* : Le système Taylor peut-il déterminer une organisation scientifique du travail? 25 sept. 1913).

de déterminer un certain nombre de points caractéristiques de cette courbe et de les unir par une ligne continue.

On peut mathématiquement, par la méthode d'interpolation, déterminer autant de points intermédiaires de la courbe que l'on veut. On a remarqué, en effet, que les lois des phénomènes naturels peuvent en général s'exprimer par des fonctions continues. Parmi celles-ci, les plus simples sont les fonctions entières qui donnent lieu aux méthodes ordinaires d'*interpolation*. On appelle *extrapolation* la méthode mathématique qui permet de calculer la valeur d'une fonction par une valeur quelconque de la variable, quand on connaît un nombre suffisant de valeurs de cette fonction dans un intervalle donné, et, par suite, de tracer entièrement une courbe (à une seule branche) quand on en connaît un arc; l'extrapolation est une généralisation de l'interpolation.

Si W. Taylor a déterminé ses courbes avec toute la rigueur possible, il a dû se heurter à des difficultés inhérentes à la méthode. Ces méthodes mathématiques sont, en effet, d'une pratique difficile et, de plus, il n'est pas certain qu'une courbe déterminée ainsi corresponde à la réalité des faits, surtout pour des cas aussi complexes que ceux envisagés par W. Taylor.

Il faudrait que la courbe réelle du phénomène se continuât de façon régulière pour que la courbe idéale construite mathématiquement pût s'y juxtaposer entièrement. On sait que dans bien des cas il n'en est pas ainsi et que, par exemple, les branches des paraboles construites dans l'abstrait ne sont pas identiques à la courbe réelle décrite par les orbites des comètes; ce n'est qu'une approximation. L'existence d'un « calcul des probabilités » montre que les faits et certaines théories ne sont souvent qu'approchés.

Comment a opéré W. Taylor? Quelles étaient les variables de ses courbes? Quels points a-t-il déterminés et quelle confiance peut-on accorder aux méthodes d'interpolation appliquées à la construction de courbes aussi complexes ? Pour les phénomènes d'ordre physiologique, entre autres, déterminés par un nombre aussi grand de composantes variables, l'inscription *discontinue* ne présente qu'un intérêt relatif, aussi a-t-on recours le plus souvent possible à l'inscription *continue* qui permet d'obtenir un nombre indéfini de points, afin que la ligne qu'ils déterminent représente exactement le phénomène considéré. La méthode à l'aide de laquelle W. Taylor fit son enquête ne lui permettait pas d'employer ce dernier procédé. Si nous y faisons allusion c'est pour montrer la nécessité qu'il y avait, pour l'ingénieur américain, de nous fournir des précisions sur la valeur réelle de ses courbes, construites nécessairement par la méthode d'inscription discontinue, et pour insister sur la valeur de l'inscription continue dans l'étude des phénomènes physiologiques du travail. A cet égard, les documents fournis par les recherches de Laboratoire faites en France sont de tout premier ordre. Marey qui en fut l'initiateur disait, parlant de l'inscription continue appliquée à l'étude du travail professionnel : « Combien moins instructive est une expression arithmétique comparée à la courbe graphique qui retrace toutes les variations du phénomène. Aussi bien en physiologie qu'en mécanique le but qu'on devra se proposer sera d'avoir l'expression graphique du travail afin d'en avoir non seulement la valeur totale, mais de connaître aussi la forme sous laquelle il a été produit[1]. »

Plus tard M. Imbert, appliquant cette méthode au travail du limeur (fig. 25), déterminait les caractéristiques du bon et du mauvais coup de lime et en tirait d'utiles indications pratiques pour l'apprentissage et pour le travail le plus efficace[2] (fig. 26).

Répétons-le, la voie suivie par W. Taylor ne se prêtait pas à l'application de la méthode d'inscription continue, mais insistons aussi sur ce fait qu'il y avait, dans les travaux des physiologistes qui l'ont employée, des enseignements du plus haut intérêt dont l'ingénieur américain ne s'est pas soucié. Aussi la loi du travail professionnel qu'il applique est-elle d'une simplicité qui touche à l'indigence. Du texte que nous avons tenu à citer en entier, il résulte que cette loi peut s'énoncer ainsi : Il *existe un rapport inverse entre la charge à manutentionner et la durée du temps de charge.* Ceci tout le monde le savait. La seule précision que

1. E.-J. MAREY. Travail de l'homme dans les professions manuelles. *Revue de la Société scientifique d'hygiène alimentaire,* 1904, p. 196.

2. A. IMBERT. Les méthodes de Laboratoire appliquées à l'étude directe et pratique des questions ouvrières. *Revue générale des Sciences,* 30 juin 1911, p. 478 à 486.

On trouvera dans le *Bulletin de l'Alliance d'hygiène sociale :* Un nouveau champ d'action en hygiène sociale : L'Étude expérimentale du Travail professionnel (avril-juin 1912), le résumé des recherches expérimentales de M. Imbert, portant sur diverses professions.

W. Taylor apporte c'est que pour 45 kilogrammes de charge l'ouvrier peut travailler 43 pour 100 de la journée. Mais les données qu'il fournit ici ne valent que pour les porteurs de gueuses et dans les conditions précises du parcours donné : vitesse et profil de la route, et pour le travail effectué par ses sujets.

Chaque fois qu'un industriel placera les charges à manutentionner plus ou moins loin du point d'arrivée, qu'il utilisera ou non un quai avec plan incliné, les conditions du problème changeront et les expériences faites par W. Taylor seront à reprendre.

De plus, nous ignorons si le rapport du temps de travail au temps de repos qu'il institue forme une loi assez générale pour valoir dans tous les cas selon la plus ou moins grande durée de la journée. Peut-on l'appliquer à la journée de huit heures? Ce n'est pas une simple lacune que nous voulons signaler ici, mais bien une erreur physiologique, car il n'est pas indifférent pour l'organisme qu'un travail donné soit accompli en huit heures ou en onze heures, ou qu'un effort musculaire d'une valeur déterminée soit réalisé à un rythme plus ou moins accéléré.

On dira peut-être que, faute de documents précis, de telles critiques sont peu valables; mais il s'agit autant de reviser les conditions physiologiques du travail déterminées par W. Taylor que de réagir contre la généralisation hâtive et non critiquée qui est faite de son système.

Ce travail des porteurs de gueuses, dont l'étude séduit à première lecture, est destiné à disparaître très tôt, ainsi que les travaux similaires accomplis par l'homme. Les nouvelles formes de l'activité humaine se prêteront-elles à l'établissement de lois aussi rigoureuses? On ne peut l'affirmer aujourd'hui; W. Taylor nous en fournit lui-même la preuve avec ses mécaniciens.

Pour eux, comme pour toutes les professions auxquelles le système a été adapté en France, on ne détermine pas une loi du travail. On cherche simplement à mesurer le temps minimum nécessaire à l'usinage d'une pièce, et comme la limite ne s'en affirme pas (ainsi que chez les porteurs de gueuses), par l'arrêt du mouvement, on établit de façon empirique, à l'aide du chronométrage, le rendement maximum durant la journée entière.

Le problème de la fatigue. — Malgré les affirmations de W. Taylor, jamais la préoccupation de déterminer scientifiquement la fatigue chez l'ouvrier n'apparaît dans son système. Le fait est d'autant plus surprenant qu'il dit avoir fait dépouiller, au début de ses recherches, toute la littérature scientifique relative aux questions du travail, en vue de connaître les essais d'adaptation du travailleur à sa besogne, tentés par les physiologistes. Or, ceux-ci ont signalé de façon frappante les variations des échanges nutritifs en fonction du travail accompli. Si l'étude des échanges nutritifs nécessite une technique difficile à appliquer, les enseignements qu'elle fournit mettent en relief les dangers pour l'organisme du travail exagéré. W. Taylor n'en eut-il retenu que ce fait, qu'il eut orienté différemment ses recherches et évité bien des critiques graves.

Nous avons montré, il y a quelques années, — d'après les travaux des hommes de science — comment leurs recherches concordaient toutes pour affirmer la nécessité de faire intervenir dans toute organisation scientifique du travail, le souci de sauvegarder la santé du travailleur[1]. Si W. Taylor avait tenu compte des travaux de physiologie, de ceux de A. Chauveau entre autres[2], il eut été amené, connaissant alors le fonctionnement intime du moteur humain, à se préoccuper des dépenses d'énergie et de leur récupération nécessaire. Le bilan des échanges nutritifs ou gazeux qui exprime les effets du travail, lui eut fait considérer les déficits produits par le surmenage, que ce surme-

---

1. J.-M. LAHY. Les modifications des échanges nutritifs chez l'homme sous l'influence de la fatigue musculaire. *Revue scientifique*, 1905, p. 201-204, 230-238, 267-273.

2. L'objet du présent ouvrage ne nous permet pas de donner des indications étendues sur l'état de nos connaissances relativement au travail musculaire. Cependant les travaux de A. CHAUVEAU ont une importance si grande pour l'étude de cette question que nous croyons devoir en donner une bibliographie sommaire. Jusqu'en 1891 on les trouvera recueillis par l'auteur, en appendice de son ouvrage sur : *Le travail musculaire et l'énergie qu'il représente.* Paris, 1891, 1 vol., 375 p.; les travaux ultérieurs se trouvent dans les Comptes rendus de l'Académie des sciences. Nous devons signaler aussi les travaux de M. G. Weiss, qui a repris, commenté et développé les idées de A. Chauveau, et les a exprimées dans une forme accessible à tous. Voir, entre autres, son article sur : Le travail musculaire d'après les recherches de M. Chauveau. *Revue générale des sciences*, 15 février 1903, pages 147 à 154. Son ouvrage *Physiologie générale du travail musculaire et de la chaleur animale.* Paris, 1909, 1 vol., 266 p., est le plus clair exposé qui ait été fait sur les résultats obtenus par les énergétistes. M. A. IMBERT, dans son livre : *Mode de fonctionnement économique de l'organisme*, Paris, 1902, 1 vol., 97 p., a fait une mise au point des travaux des physiologistes où se marque le désir d'obtenir des indications pratiques.

nage soit dû à un excès dans la durée du travail ou à des rythmes trop rapides imprimés aux divers gestes.

La méthode à suivre pour des recherches rationnelles n'était d'ailleurs pas incompatible avec celle que W. Taylor employait. L'étude des échanges respiratoires pouvait précisément dans le seul cas étudié par lui : les efforts musculaires, donner des résultats appréciables.

Sa méconnaissance des conditions normales de l'activité de l'organisme humain, jointe au désir d'obtenir le maximum de rendement, place les ouvriers dans les conditions les plus désavantageuses pour leur santé. En dehors de toutes contraintes apparentes, le chronométrage oblige l'ouvrier, en ce qui concerne le travail, à se mettre au-dessus de lui-même. Un retour à la raison devient nécessaire pour éclairer les chefs d'industrie et les travailleurs sur les dangers du taylorisme. Seule l'introduction des données de la psycho-physiologie dans l'organisation du travail pourra les conjurer.

En enlevant à l'ouvrier la possibilité d'adapter son organisme à un rythme de travail qui lui soit propre, en lui imposant le rythme le plus favorable à la forte production industrielle, l'organisateur du nouveau système se met dans l'obligation de rechercher les conditions parfaitement hygiéniques du travail et, ces conditions déterminées, de les respecter.

Or, non seulement les recherches de physiologie et de psychologie auxquelles W. Taylor s'est livré ne nous paraissent pas assez précises et sûres pour que leur application engage la vie de milliers d'ouvriers, mais nous pensons que W. Taylor n'était pas dans un état d'esprit vraiment scientifique lorsqu'il recueillait les éléments de ses lois du travail. L'homme de science ne doit connaître aucun *a priori*, sa pensée doit être, au maximum, objective et se dégager de toute passion personnelle dans la recherche. Si W. Taylor peut très légitimement revendiquer le titre d'homme de science lorsqu'il agit comme ingénieur et métallurgiste, il a montré qu'il n'en était pas de même lorsqu'il étudie les problèmes d'ordre physiologique, psychologique ou social. Que l'on parcoure ses ouvrages, on y sentira la volonté de supprimer ces instants de repos dont tous les ouvriers étaient accoutumés de couper leur travail, et ces temps de pause qui leur rendaient, par instants, la tâche plus aisée.

W. Taylor y voit un penchant à la paresse, un obstacle au rendement maximum et il s'ingénie à rendre impossible toute velléité de détente. Son point de vue serait défendable s'il s'appuyait sur une véritable connaissance du rythme de l'activité humaine. Il est de nécessité physiologique et psychologique que tout effort soit suivi par des temps de repos, que l'attention soit momentanément détendue par la distraction. Si l'on admet ce principe, le problème de la fatigue vient se placer de lui-même au premier plan et semble devoir décider du bien fondé de toute organisation nouvelle du travail.

Sans doute W. Taylor, à plusieurs reprises, rencontre l'obstacle et ne cherche pas à l'écarter. Il affirme ici et là qu' « en aucun cas l'ouvrier ne doit travailler à une allure nuisible à sa santé » et que l'homme qui

remplit les tâches chronométrées doit être capable de
« travailler ainsi pendant des années sans craindre le
surmenage ». Mais ce sont là des constatations sans
valeur, puisque les problèmes que soulève la physiologie de l'homme lui restent étrangers. Il croit que la
fatigue commence dès que l'ouvrier avoue ne plus
pouvoir travailler et, méconnaissant les ressources du
système nerveux qui fournit des éléments de résistance
avant même que les traces de son usure n'apparaissent
de façon décisive, il pousse à la tâche. D'ailleurs, la
question se présente pour lui avec si peu de netteté
qu'il établit une confusion perpétuelle entre les mots
travail et fatigue.

« Parmi les recherches entreprises, l'une consiste,
dit-il, à déterminer quelques règles permettant au chef
d'atelier de savoir à l'avance quelle quantité de travail
soutenu était capable de fournir journellement un
ouvrier habile en sa spécialité; autrement dit, chercher
la fatigue causée par un travail régulier sur un ouvrier
de premier ordre[1]. » Il s'agit donc de déterminer le
rendement possible et non la fatigue psychique ou
physiologique.

Pour établir cette mesure, il n'a utilisé aucune
méthode scientifique. Les avis du chronométreur, la
satisfaction de payer mieux ses ouvriers et de réduire
un peu la durée de leur travail, ont suffi à lui faire
croire que la fatigue était évitée : « Il est bien entendu,
dit-il, qu'on ne cherchait pas, dans ces expériences,
à trouver le travail maximum qu'un homme peut faire

1. W. TAYLOR. *Principes d'org. scient.*, p. 66.

pendant quelques instants ou même quelques jours; on voulait savoir ce qui constitue la quantité de travail soutenu qu'on peut exiger d'un bon ouvrier, de telle sorte qu'il puisse maintenir son allure pendant plusieurs années, sans être incommodé [1]. »

Prenant ainsi position, W. Taylor ne pouvait solutionner le problème qu'à l'aide de l'un ou de l'autre de ces deux procédés : entreprendre l'étude des effets nocifs du travail sur la machine humaine, ce qu'il n'a pas fait, ou poursuivre des observations méthodiques sur la durée entière de la vie de l'ouvrier, ce qui était impossible.

W. Taylor affirme avoir employé cette seconde méthode. Mais encore faudrait-il qu'il nous en fournisse des preuves autres que ses résultats. Il semble peu possible que ses expériences aient été assez longtemps poursuivies pour l'amener à conclure que l'organisme humain ne se ressent pas d'une fatigue qui, à longue échéance, se confond avec les signes de la sénilité dont ils aggravent et hâtent les effets.

La fatigue due à la continuité de l'effort nous paraît démontrée par le fait suivant :

Dans les usines où le système Taylor n'est pas appliqué, c'est le contremaître qui fixe par sa propre expérience le temps nécessaire pour faire un travail. Si le travail se fait en série, on diminue le temps probable de 10 pour 100. Ces bases satisfont en général les ouvriers. Par contre, dans les usines où le système Taylor est appliqué, on a dû augmenter le salaire établi

---

1. W. TAYLOR. *Principes d'org. scient.*, p. 67.

par le chronométrage de 20 pour 100. Ce sont deux ordres de compensations inverses. L'expérience prouve qu'en Europe les ouvriers sont moins satisfaits de la dernière combinaison, non parce qu'ils gagnent moins, mais parce que la fatigue résultant du travail intensif leur paraît excessive.

Il semble donc préférable de s'attacher à la première méthode, que l'on pourrait appeler méthode des recherches localisées. Un travail étant donné, il importe d'étudier les signes quotidiens, hebdomadaires, mensuels de la fatigue et d'établir des rapports entre un organisme ainsi étudié et un organisme qui fonctionne sans supporter les effets du travail industriel. Ce procédé, on le voit, est plus fécond, plus rapide et plus sûr. En l'utilisant sur des ouvriers qui exécutaient des travaux sans l'appoint de la force musculaire et où, par conséquent, les signes de la fatigue étaient difficiles à déceler, nous avons obtenu quelques résultats utiles.

Le danger du chronométrage, lorsqu'il n'est pas accompagné des recherches dont nous venons de fixer l'importance, apparaît mieux encore si on l'étudie dans les industries établies d'après les principes de W. Taylor, mais où W. Taylor lui-même n'a pas exercé de surveillance.

Dans la maison Renault, à Paris, le chef d'industrie impose au chronométreur trois heures de travail consécutif, après lesquelles l'ouvrier se substitue à lui et doit maintenir son allure jusqu'à la fin du travail. On majore, il est vrai, le prix d'usinage de 20 pour 100 pour parer au ralentissement qui, au delà de trois heures d'efforts, résulte nécessairement de la fatigue. Malgré ces mesures prises, on ne saurait nier que le problème de la fatigue reste entier.

Dans tout ce qui limite, de la part de l'ouvrier, la production, W. Taylor voit une preuve de la flânerie. Toute détente, chaque geste qui n'a pas pour fin le rendement industriel est proscrit par lui comme relevant du jeu et non du travail : « Il est de plus élémentaire bon sens, dit-il, de fixer les heures de travail telles que les ouvriers puissent travailler vraiment quand ils travaillent et jouer quand ils jouent, mais il ne faut jamais mélanger le jeu et le travail[1]. »

C'est là une erreur scientifique grave dont les ouvriers sont victimes et contre laquelle il faut vivement protester; elle vient de ce que W. Taylor ne tient pas compte des différences physiologiques entre les individus et du processus des rythmes de réparation. Il est dans la nature de l'organisme humain de se réparer au fur et à mesure de son épuisement, jusqu'à une certaine limite qui doit être aussi celle de l'effort. A supprimer ces rythmes de réparation, on diminue étrangement la durée du travail utile. Il y a là tout un champ de recherches à entreprendre pour chaque forme du travail humain. De plus, et W. Taylor n'en tient pas compte, chaque individu répare sa fatigue suivant des procédés qui lui sont particuliers : l'un se repose en marchant de long en large, l'autre en se tenant debout, ce qu'un troisième ne saurait supporter, car il ne parvient à se délasser qu'en demeurant assis

1. W. TAYLOR. *Principes d'organisation scientifique des usines*, p. 99.

quelques instants et immobile. Puisque, à ce propos, W. Taylor prend pour exemple l'attitude de l'homme au jeu de criquet où il donne le maximum d'effort, et à l'usine où il se dépense le moins possible, nous reprendrons ce cas pour rappeler que dans le jeu : criquet, tennis ou autre, il existe une technique à laquelle les individus s'adaptent chacun à sa manière, de telle sorte que, jouant différemment, ils arrivent à se trouver de pair.

Il se peut qu'à l'atelier on rencontre des ouvriers sans valeur morale et paresseux. Pourtant, lorsque les conditions du travail sont équitables et humaines, ils se font rares. Affirmer que tous pratiquent instinctivement la paresse constitue, croyons-nous, une exagération et une erreur. W. Taylor déduit mal de certaines de ses observations; ne nous rapporte-t-il pas ce fait d'un bon ouvrier : « Quand il roulait un chariot chargé, il marchait à assez vive allure, même en montée, de manière à subir la charge le moins de temps possible, mais dès qu'il revenait à vide, il ralentissait à l'allure de 1.600 mètres environ, exploitant tous les sujets de retard et pour être sûr de ne pas faire plus que son voisin paresseux, il se fatiguait à force de lenteur[1]. » Lorsque ce bon ouvrier avait fourni en charge un travail à la fois intense et rapide, c'est-à-dire qu'il avait instinctivement réglé son effort au mieux de ses dispositions musculaires spéciales, il réparait sa

---

1. W. TAYLOR. *Principes d'organisation scientifique des usines*, p. 39 et 40. Nous laissons de côté les cas de flânerie systématique qui existent, mais relèvent de problèmes économiques et sociaux que nous n'envisagerons pas ici.

fatigue en réglant son repos sur celui du voisin. Ce repos était-il trop long pour lui, voilà ce que W. Taylor affirme sans preuve, car il n'a pas étudié le phénomène chez le sujet en question. Rien ne dit d'autre part que les ouvriers qu'il qualifie de paresseux ne soient pas des hommes moins bien doués que d'autres, ou doués de façon différente. Un travailleur lent peut fournir une carrière plus étendue, travailler plus longtemps, vivre plus vieux. Ce sont des éléments qui auraient dû entrer comme variables dans la détermination des courbes du travail. Mais, en fait, ses courbes du travail ne sont que des courbes de rendement.

Une autre erreur de W. Taylor qui résulte encore des méthodes qu'il a suivies, est de penser que seuls les travaux qui exigent un grand effort musculaire fatiguent. Il exprime son jugement en ces termes : « La loi s'applique seulement aux travaux où la capacité de production est limitée par la fatigue de l'homme[1]. » La suite du texte indique que, dans les autres cas, ce n'est pas la fatigue qui limite l'activité du travailleur. Et pourtant les faits qu'il rassemble viennent eux-mêmes lui donner un démenti.

Lorsqu'il étudie, par exemple, le travail des trieuses de billes de bicyclette — pour lequel nul effort musculaire n'est exigé — la loi expérimentalement établie ne vaut plus. Le contrôle se fait de façon très simple : on élimine les mauvaises ouvrières et on stimule les bonnes par des encouragements, des conseils, c'est-à-

---

1. W. TAYLOR. *Principes d'organisation scientifique des usines,* p. 69.

dire par une surveillance effective et constante. La réduction du temps de travail n'a pas pour but de préserver du surmenage, mais de fixer le temps où l'ouvrier voit sa production décroître. Ici encore c'est le rendement qui limite la durée du travail.

W. Taylor ne reconnaît pas que pour les trieuses. il puisse y avoir de fatigue, ce qui détruirait tout son système. Cependant il est obligé de constater que ces femmes, ne pouvant plus se distraire par les conversations et ce qu'il nomme, avec un sens péjoratif, la flânerie, présentent des signes d'*énervement*. Trop sincère pour nier le fait, W. Taylor leur accorda un repos de dix minutes toutes les heures et demie. Quant aux hommes plus énergiques, plus disciplinés que les femmes et tenus par la crainte d'être congédiés, comme ils n'avaient pas laissé paraître les signes de la fatigue nerveuse, ils ne bénéficièrent pas du même privilège, dans d'autres occupations aussi fatigantes que celles des femmes.

Est-ce à dire que leur cas était moins grave et que seules les réactions apparentes sont la marque d'un véritable surmenage? Par malheur, W. Taylor, si prolixe de détails pour les métiers où la seule force musculaire est en jeu, se montre réservé là où agissent les facultés psychiques. C'est cependant de cette fatigue aux signes peu apparents qu'il convient de tenir compte, car ses conséquences sont graves pour l'organisme humain. Un exemple en fournira la preuve.

Pour montrer l'utilité des mouvements sélectionnés et la rapidité du geste qu'impose le chronométrage, on les compare volontiers à l'activité ordonnée de l'escrimeur. L'exemple est excellent; mais que n'en tire-t-on toutes les conséquences au point de vue de la durée de l'effort, de la fatigue musculaire et nerveuse. C'est par quelques minutes à peine que l'on mesure la durée d'un assaut. Des pauses fréquentes et prolongées assurent au corps le rétablissement de l'activité normale. Et lorsqu'on compare la durée de la journée du maître d'armes coupée de repos, à celle de l'ouvrier chronométré, on est stupéfait de l'effort total réalisé par ce dernier.

Un industriel qui applique le système Taylor s'effarouchait lorsque nous parlions de la fatigue possible de ses ouvriers. « Tenez, Monsieur, nous disait-il, pensez-vous qu'ils puissent se fatiguer à faire des mouvements de la nature de ceux-ci... » et il faisait mouvoir le tiroir de sa table.

Nous pensons bien que *quelques* mouvements de cette nature ne fatiguent pas, mais si ces mouvements se répètent pendant onze heures chaque jour, et six jours par semaine, la fatigue doit apparaître. Elle deviendra probablement très grande si une *allure de rapidité maximum* est imposée; elle créera un surmenage dangereux si, en plus de cette durée et de cette allure, on impose à l'ouvrier un effort d'attention, de surveillance, de jugement. Au lieu de fixer les arrêts du mouvement du tiroir par la construction même de la table, on pourrait imaginer que la longueur de chaque mouvement, tant à l'aller qu'au retour, est déterminée par un simple signe inscrit sur le tiroir. C'est la volonté, l'attention, toutes les facultés psychiques du manipulateur qui se trouvent ainsi constamment mises en jeu. La fatigue devient alors extrême.

Cet exemple donne une idée assez exacte de l'effort soutenu qu'impose le chronométrage dans une organisation du travail telle qu'elle se trouve établie dans l'usine française à laquelle nous faisons allusion. Voici comment on procède : avant qu'un travail soit confié à l'ouvrier, un chronométreur, homme habile et spécialisé dans la besogne, fait plusieurs séries d'essais. Durant les deux premières, il recherche le meilleur outil — que souvent, d'ailleurs, il ne laissera pas à l'ouvrier — la meilleure position à prendre, le rythme le plus rapide. Dans la 3ᵉ série, il chronomètre le temps strictement nécessaire pour l'usinage d'une pièce et il en déduit la somme qui doit être payée à l'ouvrier. Puis il travalile pendant trois heures à l'allure déterminée. L'ouvrier qui prend sa suite travaille à la même allure pendant onze heures. Rien de plus effrayant que cet effort soutenu, si l'on songe que la vitesse maxima imprimée à la machine par le chronométreur doit être maintenue, car, non seulement l'usinage serait plus long, mais un aide chronométreur reste là en surveillance, pour s'assurer que le montage et la vitesse sont dans l'état désirable. Il faut donc que l'ouvrier *adapte sa machine humaine à l'allure de la machine mécanique;* aussi a-t-on vu des ouvriers incapables dans le temps chronométré de faire, avec leurs mains, tous les gestes nécessaires, s'aider de la tête comme d'un troisième bras.

Ajoutez encore que nul repos n'est possible entre les séries, car le commencement et la fin de chacune d'elles sont déterminés par l'horloge inscrivante qui porte sur la fiche de l'ouvrier la minute exacte. Lorsque cette horloge se trouve éloignée de la machine l'ouvrier doit, pour la consulter, courir à toute vitesse, afin que le trajet ne devienne pas un facteur de diminution sur le temps d'usinage des séries.

Une activité aussi intense et prolongée n'est-elle pas plus dangereuse que celle des trieuses de billes? Or, la question de la fatigue n'intervient pas dans le calcul des lois du travail.

Du point de vue psycho-physiologique le problème est-il susceptible d'une solution pratique?

L'urgence de cette réponse nous autorise à faire connaître ici le résultat de nos recherches personnelles. A notre avis on peut, dès à présent, en développant les méthodes que nous allons exposer, contrôler sans cesse les effets de la fatigue professionnelle et régler par ce contrôle l'application que l'on tend à faire, de toutes parts, du système Taylor.

CHAPITRE VIII

COMMENT ON DÉTERMINE SCIENTIFIQUEMENT
LA FATIGUE CHEZ DES OUVRIERS QUI N'ACCOMPLISSENT
PAS D'EFFORTS MUSCULAIRES.

W. Taylor, comme tant d'autres chefs d'industrie qui ont apporté dans leurs usines des perfectionnements techniques et les règles de l'hygiène, a exprimé à plusieurs reprises ses sentiments de bienveillance à l'égard des ouvriers. Il se défend de les surmener. Ce sont là des accès de générosité qui, par malheur, ne se sont pas réalisés en des expériences positives, démontrant de façon efficace ce qu'est la fatigue et par quels moyens on parvient à l'éviter.

W. Taylor a limité la durée du travail lorsqu'il constatait les effets du surmenage sur le rendement, mais il ne s'est jamais préoccupé de savoir quelle était la valeur de ces signes et s'ils n'affirmaient pas une déchéance déjà très avancée de l'organisme. L'observation directe et toute empirique qu'il a tentée ne pouvait le renseigner sur l'apparition précoce de la fatigue et le travail profond qu'elle opère sur le système nerveux. Pour atteindre des faits aussi délicats il fallait l'emploi d'une méthode scientifique bien adaptée aux recherches à poursuivre et se perfectionnant à mesure des nécessités.

Dans les enquêtes que nous avons faites à plusieurs reprises, nous nous sommes attaché à suivre, de façon attentive, chez plusieurs ouvriers exerçant la même profession, les signes *objectifs* des effets du travail, à déterminer le moment où l'organisme est mis en danger par le surmenage persistant et par l'impossibilité d'une réparation suffisante des forces nerveuses.

Quels sont ces signes? Le premier, certes, est la sensation de fatigue que l'ouvrier éprouve et affirme; mais, outre que l'ouvrier peut se tromper lui-même sur l'importance de son état[1], il peut s'en servir contre son patron comme d'un argument invérifiable, partant sans valeur objective. Il faut donc l'éliminer. Peut-on, d'autre part, attendre que la diminution du rendement avertisse de l'inutilité de la persistance de l'effort? Cette méthode n'a pas plus de rigueur scientifique que la précédente. L'ouvrier peut, le cas échéant, diminuer à volonté la rapidité de son travail; et si le patron est seul juge du moment où l'effort doit être suspendu parce que son intérêt en souffre, on n'est pas assuré par ce moyen de supprimer le surmenage de l'ouvrier, car les considérations de rendement urgent interviendraient à coup sûr. Il n'est cependant pas inutile de montrer, par des expériences, que le rendement diminue très tôt lorsque les premiers signes

---

1. Si nous considérons les cas extrêmes, nous voyons que chez les neurasthéniques la sensation de la fatigue, en l'absence de tout effort, est telle que parfois les sujets ne parviennent pas à se nourrir eux-mêmes. D'autres fois, dans les états cataleptiques, le sujet peut rester des heures dans des attitudes si fatigantes qu'un tel effort ne pourrait être supporté pendant plus de quelques minutes par les individus sains.

objectifs — tels que nous les déterminons plus loin — apparaissent.

Il serait inhumain, en même temps que dangereux pour la productivité totale, d'attendre l'apparition des signes de la déchéance physique pour marquer à chaque ouvrier le moment où son effort doit être suspendu. C'est cependant la méthode à laquelle se réfère W. Taylor. Lorsque, par l'appât du gain et le procédé du chronométrage, il obtient de ses ouvriers un rendement quotidien que seule leur fatigue affirmée limite, il méconnaît l'action lente de la fatigue qui mine l'individu et dont les effets ne se manifestent qu'à longue échéance. Or, comme il soumet sans cesse ses équipes à une sélection stricte, il rejette ainsi de ses ateliers les ouvriers marqués, après quelques années de production intensive, d'une déchéance indélébile.

Lorsque, à l'occasion de recherches sur les linotypistes et les dactylographes, nous nous sommes posé le problème de l'existence des signes objectifs de la fatigue, la question était neuve, nul physiologiste n'avait tenté la détermination et la localisation de ces signes. Il nous a donc fallu entreprendre des recherches très étendues et multiplier les expériences d'essai, pour procéder ensuite par élimination. Nous nous sommes demandé d'abord si, dans les professions modernes qui nécessitent en général un effort d'attention et parfois, comme pour les linotypistes et les dactylographes, un effort de mémoire, une acuité visuelle développée, des mouvements de faible amplitude mais bien adaptés, dont la valeur dépend de la sensibilité musculaire, ces diverses fonctions n'étaient pas troublées par un travail prolongé.

Or, quelque soin que nous ayons apporté dans la conduite et l'analyse des expériences, nous n'avons pas obtenu de résultat positif sur ce point. On s'en étonnera si l'on oublie quelles ressources imprévues l'homme, sous le coup d'une nécessité impérieuse, trouve pour exécuter un travail psychique supplémentaire. C'est d'ailleurs la manière d'être générale des phénomènes physiologiques que de posséder une mobilité extrême, des possibilités de suppléance, de reconstitution, d'autant plus grandes que les fonctions en cause sont plus élevées et que l'activité d'ensemble de l'organisme les limite seule.

On sait, d'ailleurs, bien que ces questions d'une importance sans égale soient encore peu étudiées, que l'activité organique est modifiée sous l'influence des activités psychologiques. L'exemple populaire du soldat de Marathon, que tant d'autres ont confirmé, montre à quel point la volonté, l'exaltation morale peuvent décupler la force musculaire et la maintenir active, en dépit de l'épuisement excessif, jusqu'à l'instant de la décomposition organique irrémédiable. Si les signes physiques de la fatigue sont difficiles à saisir au moment de leur apparition, si l'organisme possède des possibilités de réparation immédiate qui masquent pendant longtemps les effets nocifs du travail, à plus forte raison décèlerons-nous avec peine les effets subits du surmenage chez des sujets qui ne mettent en œuvre que les fonctions nerveuses. Sauf les efforts musculaires minimes que fait avec ses doigts l'ouvrier qui dirige une machine ou tape sur un clavier, et la tension des muscles résultant de l'attitude imposée au corps, c'est à un effort d'ordre différent qu'est due la fatigue dans les professions modernes. Son siège n'est plus dans les muscles, mais dans le système nerveux. Le mécanicien qui conduit une machine-outil met en jeu des fonctions dites supérieures : la rapidité de pensée, la mémoire, le jugement, etc..., et le principal facteur de son travail se trouve être l'attention.

Dans les conditions actuelles de la technique expérimentale nous n'avons pas décelé de troubles de l'attention. Il est vrai que nos ouvriers n'étaient pas, strictement, des surmenés. D'ailleurs, même si le système Taylor leur avait été appliqué, nous ne pensons pas que ces signes fussent apparus. Nous avons pu observer, pendant nos recherches sur les dactylographes, un sujet de contrôle qui, tout en ne faisant que nous assister dans nos expériences, avait éprouvé à la fin de la journée un état de fatigue extrême allant presque jusqu'à la syncope. Alors que d'autres signes nous révélaient des troubles graves, le sujet, par un effort de volonté, put répondre aux expériences, ses fonctions supérieures, mémoire, abstraction... étant restées intactes.

Il y a là, pensons-nous, un enseignement très précieux pour ceux qui jugeraient que le système Taylor donne toutes les garanties désirables au point de vue de la connaissance de la fatigue.

Il nous faut donc chercher les signes de la fatigue psychique dans les fonctions moins élevées dont la nature n'est pas aussi plastique et où les effets « massifs » de l'usure peuvent se manifester.

Les fonctions inférieures du système nerveux, les temps de réaction simple, nous fournissent le premier signe, et l'élévation de la pression du sang le second. Ce sont donc, en réalité, deux fonctions que l'on peut appeler *automatiques* qui apportent des indications précises sur les signes de la fatigue. Elles sont d'ailleurs aisément mesurables.

Les signes que nous relevons ici sont les seuls dont nous puissions actuellement indiquer la valeur. Il est à présumer que des recherches ultérieures en révèleront d'autres. Le résultat négatif obtenu en ce qui concerne les fonctions supérieures vient peut-être d'une insuffisance des techniques expérimentales.

Pour les temps de réaction nous avons utilisé le chronoscope de d'Arsonval, avec lequel on procède comme nous l'avons expliqué (p. 69) : on détermine une excitation sensorielle, en produisant un son, par exemple, et en priant le sujet de réagir dès qu'il perçoit cette sonorité; on peut noter en 1/100 de seconde, le temps qui sépare l'excitation de sa réponse. Ce temps varie d'expérience à expérience, mais dans des limites telles qu'on peut établir, par des moyennes, la caractéristique de chaque sujet, et mesurer ainsi le temps qu'il faut à chacun pour transformer en acte la perception du son. Or, avec un même sujet, la durée moyenne varie sous diverses influences et en particulier, comme nous l'ont montré nos recherches, après un travail du genre de celui des linotypistes et des typographes. Dans la fatigue, la rapidité du temps de réaction est moindre. Ce qui revient à dire que, toutes choses restant égales, un ouvrier linotypiste travaille moins bien après un effort soutenu pendant 6 h. 30, ce qui était le cas de nos sujets.

On trouvera dans l'enquête que nous avons publiée (*Bulletin de l'Inspection du Travail*, 1910, p. 45 à 103) les chiffres que nous avons relevés quotidiennement sur 10 sujets pendant 3 semaines. Il nous suffira ici d'établir la moyenne de l'augmentation — en centième de seconde — de la durée du temps de réaction de chaque sujet.

1ro série :

Sujet : Gaston..........	Augmentation de	2,20	(travail à la linotype).
— Georges.......	—	1,50	—
— Sylvain:.......	—	1,30	(travail de bureau).
— A...............	—	0,42	(expérimentateur).
— B	—	0,13	—

2e série :

Sujet : Maurice	Augmentation de	4,82	(travail à la linotype).
— Hector..........	—	2,65	—
— Christophe ...	—	2,40	—
— Frantz..........	—	1,66	(composé à la main).
— A...............	Diminution de	3,2	(expérimentateur).

Dans la première série, les ouvriers travaillaient tous dans des conditions d'hygiène plus favorables que ceux de la seconde; ils avaient à fournir moins de travail. Ce sont là deux facteurs qui expliquent la différence de valeur des signes de la fatigue, mais il y a lieu de remarquer que ces signes sont toujours affirmés[1].

---

1. Plus récemment MM. Ch. Richet et H. Laugier ont appliqué la même méthode à l'étude du travail d'un dactylographe (C. R. Soc. Biol. Paris, 19 avril 1913, p. 816 à 819). Ils ont confirmé entièrement nos résultats.

L'affaiblissement des centres nerveux automatiques est caractéristique de la fatigue des travaux industriels modernes, car on voit que le travail du compositeur à la main, du travailleur de bureau ou de l'expérimentateur, qui s'étend sur la même durée, diminue beaucoup moins l'activité de ces centres. Il est même à remarquer que l'expérimentateur A qui, dans la seconde série d'expériences, avait simplifié ses recherches, perfectionné son outillage et mieux réparti son temps de travail, ne ressentait nullement les effets de la fatigue, bien qu'il ait produit un travail réel. De même le sujet témoin accuse une amélioration de ses réactions, tandis que les autres montrent une diminution de la rapidité, c'est-à-dire une fatigue des centres nerveux.

L'avis que les ouvriers fournissent sur leur sensation de fatigue est-il toujours négligeable? Bien, qu'en principe, nous n'admettions que les résultats obtenus par les méthodes objectives, il nous a paru utile de comparer ceux-ci aux appréciations subjectives.

Nous avons donc réuni dans un tableau (p. 179) l'avis du sujet, les modifications physiologiques (pression du sang et temps de réaction correspondant) et le travail moyen effectué par heure.

Ces exemples prouvent donc qu'il existe une fatigue nerveuse, caractéristique du travail industriel. Nos recherches montrent le rôle que la psycho-physiologie peut jouer dans l'étude du travail et l'insuffisance du système de W. Taylor. Les résultats de la tâche imposée de façon intensive sont faciles à prévoir : pour le chef d'industrie ce sera l'éternel conflit avec

SENSATION DE FATIGUE	MODIFICATIONS PHYSIOLOGIQUES		PRODUCTION MOYENNE par heure
	PRESSION DU SANG	TEMPS DE RÉACTION	
M. GEORGES			
Mardi, fatigué...........	$+$ 1^0,25	$+$ 1,60	7.840 lettres.
Mercredi, pas fatigué.	$+$ 0^0,75	$+$ 0,6	Corrections.
Jeudi, très fatigué......	$+$ 2^0,00	$+$ 3	8.765 lettres.
Vendredi, pas fatigué.	$+$ 0^0,75	$+$ 0,45	6.892 —
Samedi, fatigué.........	$+$ 1^0,5o	$+$ 1,45	Corrections.
M. GASTON			
Mardi, fatigué...........	$+$ 2^0,75	$+$ 2,2	7.543 lettres.
Mercredi, pas fatigué.	$+$ 0^0,25	$+$ 1,2	7.058 —
Jeudi, très fatigué......	$+$ 3^0,75	$+$ 4,5	7.866 —
Vendredi, pas fatigué.	$+$ 0^0,75	$+$ 0,8	7.159 —
Samedi, pas fatigué...	$+$ 1^0,5o	$+$ 2,6	6.175 —

l'ouvrier arguant d'une fatigue inaperçue, la perte à brève échéance des bons éléments, l'obligation d'un recrutement toujours renouvelé avec les aléa qu'il comporte. Pour l'ouvrier ce sera le danger du surmenage aux effets lents et, en outre, la décrépitude prématurée chez tous, l'apparition en quelques-uns des tares latentes : syphilis ou tuberculose qui auraient pu, sans le facteur nouveau de la fatigue nerveuse, ne pas apparaître.

Nul doute que la technique très simple que nous avons expérimentée eût permis à W. Taylor de régler le travail des trieuses de billes de bicyclette, s'il avait voulu subordonner le rendement maxima aux nécessités de la santé de ses ouvrières. Mais il n'envisage que l'intérêt de l'industrie[1]. Voici comment :

Chaque ouvrière est séparée de sa voisine, de façon à supprimer toute conversation; si elle faiblit, le surveillant qui se tient à côté d'elle la dirige, l'encourage, c'est-à-dire qu'il excite son système nerveux, qu'il fixe, par la contrainte extérieure, son attention, bref qu'il tire d'un sujet donné plus qu'on n'en pourrait obtenir dans les conditions normales de travail libre. Et pour qu'à la longue les forces nerveuses ne cessent pas d'être stimulées par la volonté c'est, heure par heure, que pendant les journées de dressage on mesure le rendement.

Certes, il est de remarque aisée que toute activité supérieure exige pour s'exercer un effort soutenu, parfois même pénible. Mais il faut distinguer entre la tension de toutes les facultés volontairement dirigées vers un but, et la surveillance exercée par un chef. Nous avons étudié à plusieurs reprises une calculatrice prodige qui, entre autres exploits, peut retenir 15 chiffres en 40 secondes, et 50 chiffres en 3 minutes 25. Une telle faculté — ainsi qu'elle nous l'a affirmé elle-même — résulte d'un dressage; mais si dur qu'il ait été, le sujet se l'appliquait *volontairement*; elle trouvait du plaisir et parfois même une joie intense à élever à ce degré sa puissance mnémonique. Elle se fatiguait peu[2].

---

1. W. TAYLOR s'est servi de la technique du temps de réaction, non pour déceler la fatigue, mais pour aider à la sélection des ouvrières.

2. J.-M. LAHY. Etude expérimentale d'un cas exceptionnel de la mémoire des chiffres. *Archives de psychologie*, juillet 1913.

Les ouvrières, au contraire, sont engagées à surproduire et maintenues dans l'état d'activité par une contrainte extérieure. Comme on stimule par le fouet un cheval fourbu, on obtient par la peur du congédiement et de la misère l'effort surprenant que W. Taylor nous résume ainsi : 25 ouvrières effectuent désormais la besogne de 120 avec 2/3 d'erreurs en moins.

Peut-on admettre que seules la suppression de la flânerie et une meilleure répartition des heures de travail aient amené ce résultat? Nul ne peut se prononcer tant que des recherches expérimentales sur la fatigue n'auront pas été tentées à l'usine de W. Taylor.

Le même doute nous reste à propos du travail fourni par les porteurs de gueuses. W. Taylor a beau affirmer qu'ils n'atteignent pas la fatigue, nous sommes cependant en présence d'un fait troublant : le même ouvrier qui, jadis, transportait 12 tonnes 5 de fonte dans sa journée, en transporte aujourd'hui, grâce à l'application des méthodes du chronométrage, 47.

Certes, on peut admettre que le système de W. Taylor marque un progrès sur les façons du passé, en ce qu'il diminue le nombre des mouvements pour un travail donné. Mais, pour conclure de là à l'absence de toute fatigue avec un tel relèvement de l'activité ouvrière, il faudrait supposer que les mouvements parasites représentaient jadis — en pleine charge — les 3/4 des mouvements utiles à effectuer. A priori la proportion semble excessive.

Les troubles qui peuvent survenir à la suite du

surmenrge du système nerveux sont excessivement nombreu :. Ils varient avec l'intensité de ce surmenage et surtout avec le degré de résistance des diverses parties de l'organisme. Il s'en suit qu'un individu qui s'est guéri de la syphilis et aurait pu accomplir sa carrière sans accidents verra apparaître la paralysie générale, le tabes, ou toute autre complication de ce genre du fait du surmenage professionnel. Cette affirmation ne peut être qu'une vue de l'esprit, parce que nous ne possédons pas les termes intermédiaires de l'évolution pathologique. Nous avons donc pensé à rechercher parallèlement l'influence du travail sur une fonction, automatique aussi, mais qui joue dans l'économie générale un rôle capital : la pression du sang.

Les appareils qui permettent de mesurer la pression du sang sont très nombreux. L'oscillomètre de M. Pachon jouit en ce moment de la faveur générale, mais il en est d'autres qui, tout en donnant des indications moins approchées de la pression exacte dans les artères, fournissent des chiffres permettant la construction de courbes comparables entre elles.

Nos recherches ayant été entreprises bien avant que M. Pachon ait construit son appareil, nous nous sommes servi du tonomètre de Gaertner, où un simple anneau de caoutchouc placé à un doigt permet de lire sur un manomètre à mercure la pression du sang dans l'organe. Cette technique avait quelques avantages : l'opération est moins longue et laisse le sujet plus indifférent qu'avec l'oscillomètre qui nécessite l'emploi d'un brassard placé sur le poignet.

Nous avons acquis la certitude que la pression du sang augmente en fonction du travail d'attention soutenu.

En opérant comme pour le temps de réaction, nous avons établi la moyenne individuelle de cette augmentation — exprimée en cmHg — pour la durée des expériences.

1re série :

Sujet : Georges.... Augmentat. de 2,25 (cmHg) (travail à la linotype).
— Gaston..... — 1,80 — —
— Sylvain..... — 1,25 — (travail au bureau).
— A............ — 1,15 — (expérimentateur).
— B............ — 1,35 — —

2e série :

Sujet : Hector...... Augmentat. de 3, (cmHg) (travail à la linotype).
— Maurice.... — 2,40 — —
— Christophe — 1,70 — —
— Frantz...... — 0,70 — (travail à la main).
— A............ — 0,55 — (expérimentateur).

Or, la pression du sang est le signe le plus précieux et le plus certain pour déceler l'état d'équilibre physiologique. Elle est, en effet, le produit de la force de propulsion du cœur et de la résistance que les vaisseaux opposent à l'écoulement du sang. Le cœur, a-t-on remarqué, bat d'autant plus vite qu'il a moins de peine à se vider. Il s'ensuit que, tandis qu'on enregistre une diminution de la pression sanguine, on observe une augmentation du nombre des pulsations. Cette adaptation des mouvements du cœur aux conditions mécaniques de son activité se fait par l'intervention du système nerveux.

D'autre part, la résistance des vaisseaux au flux sanguin n'est pas exclusivement passive. Elle varie avec la contractilité des artères et ainsi se règle, avec la pression, l'afflux du sang dans les organes. C'est surtout par la diminution ou l'augmentation du diamètre des petits vaisseaux que s'opèrent les variations d'afflux et de pression du sang, et l'importance de ce phé omène est d'autant plus grande qu'à de faibles changements des diamètres des tubes correspondent de grandes variations du débit sanguin. Or, les modifications du calibre des vaisseaux se font automatiquement, par action réflexe due à l'activité des nerfs vaso-moteurs qui se trouvent eux-mêmes sous la dépendance du système nerveux. Bien que ces phénomènes soient complexes, on peut affirmer que l'axe spinal, bulbe et moelle, est un centre régulateur de la pression du sang. Il n'est pas jusqu'à l'écorce du cerveau qui ne joue aussi ce rôle, encore peu précisé, il est vrai, à l'heure actuelle. Où que se localisent, d'ailleurs, les troubles dans les conditions de nos expériences, tout prouve que le système nerveux était atteint par la fatigue résultant d'un travail d'attention. La pression du sang, en effet, se trouvait spécifiquement troublée après un effort d'assez courte durée.

Ainsi les remarques que nous avions formulées pour le temps de réaction se trouvent vérifiées par la pression du sang. L'effort d'attention soutenu qu'exige le travail à la machine perturbe plus profondément la circulation qu'un même effort d'attention non appliqué à la conduite d'une machine. L'ouvrier qui compose à la main, celui qui fait des travaux de bureau, l'expérimentateur lui-même sont moins affectés que les linotypistes et, comme nous nous en sommes assuré, que les dactylographes.

Ces signes correspondent non seulement à une fatigue réelle des organes essentiels à la vie végétative et à l'activité nerveuse, mais aussi — comme nous l'avons montré plus haut dans le 1er tableau — au rendement professionnel. Nos sujets, on le sait, travaillaient dans des usines où le travail n'était pas rendu intense par l'application du système Taylor. Dans ce cas, nos résultats n'eussent pas été différents. Il n'est pas douteux que, sous l'influence des procédés imposés par W. Taylor, l'ouvrier ne puisse s'élever au-dessus de lui-même pendant un certain temps. Le système nerveux, avons-nous dit, possède des possibilités d'action qui peuvent masquer les effets de la fatigue quant au rendement, mais nul doute, eussions-nous constaté des signes plus graves de la fatigue, que l'ouvrier ait pu fournir un effort supplémentaire. C'est par là que le taylorisme nous apparaît plein de dangers pour l'ouvrier et pour le rendement total d'un groupe de travailleurs donné.

Nous ne pensons certes pas avoir épuisé toutes les ressources qu'offre la technique scientifique pour déceler les signes de la fatigue dans les professions qui n'exigent pas d'efforts musculaires. Il est à prévoir, entre autres, que l'on pourrait obtenir des résultats positifs par l'étude des échanges respiratoires. A cet effet nous avons construit un appareil très simple qui se prête à ces mesures délicates (*Journal de Physiologie et de Pathologie générale*, 1912, t. XIV, p. 1131), mais les doubles indications concordantes du temps de réaction et de la pression du sang peuvent aider déjà à solutionner les problèmes actuels de la fatigue dans l'organisation scientifique du travail.

Ces signes de la fatigue nous paraissent avoir une valeur d'autant plus grande qu'on peut les révéler avant que le sujet ait perçu la sensation de fatigue; de même, chez des sujets trop sensibles, ils dévoilent le moment précis où l'on peut tenir compte des plaintes exprimées. Ce sont donc bien des signes objectifs, tels que nous avions souhaité en trouver.

De plus, la pression du sang et le temps de réaction expriment des fonctions à la fois délicates et automatiques; ce sont donc des signes vraiment organiques qu'elles nous révèlent. Un fait le montre bien. Nous avons essayé d'utiliser le temps de réaction de choix dans nos recherches, c'est-à-dire celui où le sujet doit choisir et se décider entre plusieurs excitations variées. Ces expériences ne nous ont encore rien donné de précis en raison des fonctions psychiques plus élevées qui entraient en jeu.

Nous avons cru devoir attirer l'attention sur cette méthode qui rendra des services non seulement aux physiologistes qui l'appliqueront, mais encore, en raison de sa simplicité et du peu de dépenses qu'elle entraîne, aux industriels qui pourront se rendre compte aisément de la fatigue réelle éprouvée par l'organisme humain.

CHAPITRE IX

LA VALEUR DU SYSTÈME TAYLOR
ET LE PROBLÈME DE L'ORGANISATION SCIENTIFIQUE
DU TRAVAIL HUMAIN.

Vue d'ensemble et critique du système.

L'œuvre de W. Taylor est d'une entière sincérité.
Voulant obtenir plus de richesse pour les patrons et
pour les ouvriers, il impose aux uns et aux autres des
devoirs nouveaux. C'est ainsi qu'il oblige les chefs
d'industrie à se préoccuper sans cesse du perfectionnement de l'outillage, de la marche, heure par heure,
de leur usine et qu'il les lie à leur œuvre de façon
indissoluble. A l'ouvrier, il impose la perte complète
de l'initiative, reportée tout entière sur la direction. Il
fait du mécanicien lui-même un manœuvre; il l'astreint
à une besogne attentive où chaque seconde de son
temps est consacrée à un seul but : le rendement.

On conçoit donc que, — les questions de sélection
étendues jusqu'aux chefs d'industrie et celles de
l'établissement scientifique des salaires laissées provisoirement de côté, — les méthodes de W. Taylor
marquent à quelques égards un progrès. Elles établissent
un ordre défini là où jadis pouvait régner un certain
désordre. Un but étant donné, — la surproduction

industrielle — elles adaptent l'usine et les individus à la réalisation exclusive de ce but.

C'est d'abord par un constant perfectionnement de la technique et de l'outillage. L'invention des aciers à coupe rapide, qui a entraîné une transformation si profonde de l'industrie métallurgique, en est une preuve frappante. La construction de la règle à calcul, utilisée pour la conduite des machines-outils, peut en fournir un autre exemple convaincant.

W. Taylor a encore perfectionné l'usme en rendant solidaires, d'une manière plus étroite que jadis, les divers services qui la composent, car non seulement il a amélioré leurs conditions de fonctionnement particulier, mais il a établi entre chacun d'eux une telle concordance d'activité qu'il est parvenu ainsi à unifier le fonctionnement général.

*
* *

Toutes ces améliorations sont excellentes et marquent un progrès en accord avec le sens général de l'évolution, qui est de substituer un ordre rationnel à l'empirisme ancien. Les efforts de W. Taylor, lorsqu'ils se portent sur le domaine de l'ingénieur et du chef d'industrie, peuvent être efficaces, nul n'étant plus que lui qualifié pour y agir.

Mais son souci d'augmenter la production l'a conduit à dépasser les limites de ses connaissances spéciales et à chercher la solution de problèmes psycho-physiologiques pour lesquels la collaboration des hommes de science qualifiés eût été nécessaire.

Si W. Taylor a fait parfois appel à des mathématiciens et si leurs avis lui ont été de la plus grande utilité, s'il a même, pour s'expliquer un phéomène de surmenage remarqué chez ses trieuses de billes de bicyclette, fait appel une fois à un psychologue, il n'a pas associé à ses recherches les biologistes, les économistes et les sociologues, ainsi qu'il est nécessaire, chaque fois qu'un problème nouveau met en jeu l'activité humaine ou modifie les conditions économiques de la vie des groupes.

*
* *

Mais, pourrait-on nous objecter, ces innovations au point de vue du travail ouvrier, sont-elles si importantes qu'elles nécessitent les mesures de prudence que nous préconisons?

La démonstration que nous avons faite plus haut au sujet de la substitution du chronométrage des mouvements élémentaires au chronométrage global répond par l'affirmative à cette question. L'étude des mouvements élémentaires n'est qu'une extension du chronométrage global; mais les conséquences de son adoption sont telles, au point de vue de la qualité de la production et du surmenage de l'ouvrier, que les psycho-physiologistes ont le devoir impérieux d'apporter leur opinion dans le débat social que soulève son application.

Cette intervention est d'autant plus autorisée que l'excès de travail imposé par le chronométrage des temps élémentaires ne repose pas sur des théories vraiment scientifiques. Nous avons pu montrer que l'idée de *loi* chez W. Taylor exprime une sorte de fétichisme scientifique sans valeur positive.

De plus la méthode suivie par W. Taylor pour établir ces lois si formelles est elle-même sujette à des réserves graves; des recherches où l'on eût appliqué la méthode graphique à inscription continue eussent été d'une précision et d'une valeur plus certaines que les déductions mathématiques tirées de courbes discontinues.

L'absence d'étude des temps de repos signale aussi le danger d'une application prématurée des lois de W. Taylor, car l'ouvrier y étant seul juge de la fatigue qu'il ressent peut, non seulement tromper l'observateur, mais encore se tromper lui-même.

De plus la généralisation des effets partiels de la fatigue aux effets à longue échéance est une erreur contre laquelle s'élève la physiologie.

L'application aux ouvriers moyens des lois qui régissent le travail des ouvriers physiquement et psychologiquement bien doués est, dans le système Taylor, purement empirique; la qualité de moyen et de bon ouvrier dépend pour lui des resources locales en main-d'œuvre. En outre, il n'est pas question dans son système de déterminer expérimentalement la valeur moyenne du travailleur, parce que l'on cherche à *imposer* l'effort le plus grand *quand cela est possible*.

Du point de vue exclusif de la fatigue, le chronométrage global apparaît donc, et cela sans que ceux qui l'appliquent l'aient prévu, comme un procédé plus scientifique que le chronométrage des mouvements élémentaires, parce qu'il tient compte d'éléments psychologiques que ce dernier néglige.

Dans le chronométrage global il existe, certes, un flottement. Le criterium de la durée étant le temps complet nécessaire à un homme pour exécuter un travail donné, les gestes ne sont pas scrupuleusement réduits à leur minimum de durée. De sorte que si la rapidité des gestes n'est pas aussi grande que l'imposerait le système Taylor, du moins elle permet à l'attention de se reposer par ces oscillations constantes que les psychologues ont mises en lumière.

Cette méthode sert de façon exclusive à fixer le prix de revient, elle ne vise pas à perfectionner directement la technique.

Par contre, dans le système Taylor, on cherche à connaître exactement les gestes utiles pour éliminer les autres et en fixer la durée minimum, mais il n'est pas certain que la technique soit par lui perfectionnée. Rien ne prouve, jusqu'à présent, qu'un meilleur travail soit sorti des usines qui l'appliquent. Au contraire, tous les éléments psychologiques et moraux sur lesquels nous avons attiré l'attention sont éliminés à tel point que l'intelligence de l'ouvrier ne peut plus se porter sur le travail qu'il effectue. Nous avons même relevé ce fait curieux, dans une maison de construction d'automobiles de Paris, que le chronométreur n'est pas un ouvrier qualifié, c'est souvent un ancien élève d'école spéciale qui n'a jamais travaillé — dans l'atelier — au tour ou à la forge.

Il ressort de cet ensemble de critiques que W. Taylor ne voit dans l'homme que sa valeur de rendement.

Si une fois, à propos des trieuses de billes de bicyclette, il prend des mesures pour éviter le surmenage apparent, il ne le fait que parce que la production en souffre. C'est en fin de compte le rendement ouvrier qui règle la durée et l'intensité du travail.

Un fait prouve clairement que le système Taylor n'est pas adaptable à tous les modes de travail, par le fait même que l'étude du facteur humain, tel que nous la comprenons, y manque. Tandis que Taylor préconise avec juste raison le perfectionnement de l'outillage qui doit augmenter le rendement, il ne s'intéresse pas à celui qui doit diminuer le travail humain. Il n'assigne aucune limite aux possibilités d'action de l'homme. Il néglige la valeur des travaux de surveillance, d'attention, d'adaptation rapide et sûre dans lesquelles les fonctions psychiques entrent en jeu.

Il ne faut pas oublier que l'attention humaine a des limites. C'est elle qui, en définitive, devrait décider du choix de certaines machines. Tel est l'avis motivé de M. Pomey, ingénieur en chef des Postes et Télégraphes, qui fut chargé d'une mission aux Etats-Unis. Ayant étudié le fonctionnement des locomotives électriques employées en Amérique, il fit très justement remarquer que certaines machines avaient été construites sans tenir compte du facteur humain. L'une, entre autres, d'une complication extrême, qui utilise à la fois du courant à haute tension et du courant à basse tension, un équilibrage entre phases, des transformateurs rotatifs, des ventilateurs, etc... sans compter le freinage et la récupération, oblige le mécanicien à surveiller en même temps jusqu'à six cadrans, trois manettes, des pédales, etc... La combinaison de six objets, même si elle présente mécaniquement des avantages, ne peut que fatiguer l'attention et l'on doit admettre que la lecture simultanée de six appareils ne facilite pas, de façon réflexe, les mouvements néces-saires à un travail simplifié. Il est évident, qu'au point de vue de la sécurité et de·l'économie des forces dans la conduite, l'autre système, où l'appareil de commande et de mise en marche est une simple manette comme le levier de nos tramways à courant continu de 600 ·volts, est de beaucoup préférable.

Dans l'application du système Taylor, on oublie trop souvent, parce que Taylor l'a négligé lui-même, qu'au lieu d'astreindre l'individu à de nombreux mouvements, il vaudrait mieux les faire exécuter par la machine. C'est ce que cherchait Watt lorsqu'il imaginait son système de robinets et de ficelles...

Le véritable organisateur est donc celui qui commence par composer une équipe et qui finit par imaginer une machine.

C'est là, en industrie, un principe fondamental du progrès, qui ne ressort pas suffisamment des doctrines de Taylor et qui, du point de vue professionnel, leur enlève une grande part de leur valeur.

*
* *

L'étude attentive de la méthode instituée par W. Taylor pour établir les salaires nous a fourni sur la valeur scientifique du système des résultats aussi déconcertants que l'étude du chronométrage.

Sans prendre parti pour l'une ou l'autre des méthodes modernes d'établissement des salaires, nous avons montré que le système Halsey et surtout le système Rowan étaient établis de façon plus méthodique et plus rationnelle que celui de Taylor. Le système Rowan, par exemple, avec sa prime dégressive est *une fonction* dont la valeur des variables peut être discutée et scientifiquement déterminée, tandis que dans le système Taylor, au contraire, le taux de la prime est arbitrairement fixé et la limite qu'on lui assigne repose sur une pétition de principes outrageante pour la classe ouvrière. S'il est vrai, comme il l'affirme, que certaines gens ne doivent pas s'enrichir trop vite, les classes possédantes devraient aussi être soumises à cette restriction, ce qui entraînerait, comme premier effet, la suppression de l'héritage. W. Taylor a-t-il pensé à cela?

Tous les systèmes de salaires à primes sont des encouragements à la surproduction. Le principe n'en est pas à étudier ni à débattre ici, mais, tandis que l'allure dégressive de la prime Rowan renferme une sorte d'indication qui met un arrêt à l'effort trop longtemps soutenu de l'ouvrier, la prime empiriquement établie par W. Taylor ne tient pas compte des limites de l'effort humain. Notons que la fixation de certaines limites à l'effort des ouvriers n'est pas contradictoire avec l'intérêt de la production générale d'une entreprise.

Ces remarques nous permettent d'indiquer déjà ce qui, à notre sens, est la caractéristique de l'œuvre de

W. Taylor. Tout, dans son organisation du travail,
aboutit à faire sortir de l'usine un maximum d'objets
manufacturés. Depuis le fonctionnement des services
de la direction jusqu'aux moindres gestes du manœuvre,
tout tend vers la surproduction. W. Taylor n'épargne
aux chefs d'industrie eux-mêmes ni le travail, ni les
dépenses, ni l'effort continu. Mais sa répartition juste
du labeur entre tous et sa bonne foi ne peuvent servir
d'excuse aux erreurs de méthode. C'est, en effet,
sur une erreur sociologique et psychologique tout
ensemble qu'il fonde sa conviction et affirme que le
système institué par lui doit être un instrument de lutte
contre les syndicats, dont il n'aperçoit que les excès
et les aveuglements, de même nature d'ailleurs que les
siens. Pour lui la hiérarchie des fonctions, l'emploi du
temps de chacun, la disposition même de l'usine
doivent concourir à une surproduction affirmée. Certes,
les chefs d'industrie, les ingénieurs ont, provisoirement,
peu à craindre de ces transformations, mais les
ouvriers et les manœuvres qu'elles atteignent seront les
premiers à s'insurger. Sur eux retentissent tout de suite
les effets de cette concordance de tous les rouages de
l'organisation.

La concordance des effets de chaque élément du
système pour obtenir la surproduction ouvrière est le
caractère essentiel de l'œuvre de W. Taylor. Cela se
marque dans la discussion qu'il soutint contre le
système Halsey. Dans sa méthode, fait-il remarquer,
« c'est la direction qui résoud le problème de la
vitesse de travail, tandis que dans le système Towne-

Halsey la question de la vitesse est entièrement remise entre les mains des ouvriers [1] ».

*
* *

Nous pensons discerner à présent le but que poursuit W. Taylor à l'égard de la main-d'œuvre. Là gît tout le problème, car il y a peu de chances que le système qui entraîne des dépenses et des initiatives considérables soit jamais appliqué en Europe dans toute son étendue. Tout laisse prévoir qu'on en extraira seulement ce qui vise à l'exploitation de la main-d'œuvre.

W. Taylor, avons-nous dit, a voulu construire dans l'abstrait un ouvrier-type, travaillant dans une usine-type avec des outils-types. Or, cet ouvrier-type ne correspond pas à l'idée que nous nous faisons du travailleur moderne : intelligent, actif, plein d'initiative, créateur dans le cercle de ses compétences. L'ouvrier suivant les données de W. Taylor n'est que le manœuvre.

C'est bien, en effet, à une dépréciation de l'ouvrier qualifié qu'aboutit le système. Non seulement cette constatation résulte des faits déjà étudiés, mais des paroles même de W. Taylor parlant en vrai industriel : « Toutes les possibilités de la direction administrative ne seront cependant réalisées que lorsque toutes les machines de l'atelier seront conduites par des hommes

---

1. F.-W. TAYLOR. *La Direction des ateliers*, p. 135.

de valeur moindre et, par suite, au moyen d'une main-d'œuvre moins chère que dans l'ancien système. L'adoption d'outils, d'équipements et de méthodes types pour tout l'atelier, la répartition du travail faite dans le bureau spécial, les instructions détaillées transmises aux ouvriers par ce service, enfin, l'assistance directe que ceux-ci reçoivent des quatre agents d'exécution permettent l'emploi, pour des travaux compliqués, d'une main-d'œuvre relativement bon marché. A l'époque où l'auteur quitta la Bethlehem Steel C⁰, parmi les ouvriers de l'atelier de mécanique employés à la conduite des machines d'usinage grossisseur et travaillant d'après le système de bonification, 95 pour 100 étaient des hommes simplement adroits choisis parmi les manœuvres et dressés spécialement. Ces mêmes hommes formaient 25 pour 100 du personnel ouvrier employé aux machines de finissage sous le régime de la bonification [1]. »

Ces données correspondent-elles au progrès technique et expriment-elles le sens de l'évolution industrielle? Il se peut que la production manufacturière y trouve son compte, mais l'intérêt humain n'y trouve pas le sien. Pour instaurer un régime stable, il faut concilier ces deux tendances, donc tenir compte des problèmes négligés par W. Taylor, en dépit de ses affirmations.

Après une analyse détaillée, que reste-il du système imaginé par l'ingénieur américain? En d'autres termes,

---

1. W. TAYLOR. *La Direction des ateliers*, pages 63 et 64.

quelle peut être la définition objective du système?
Nous allons tenter de l'établir et l'on pourra juger de
la valeur réelle de cette œuvre en lui opposant l'explication subjective extraite des affirmations mêmes de
W. Taylor, au début de notre travail.

*
* *

Définition objective du système Taylor.

Lorsqu'on étudie — comme nous venons de le
faire — chacun des éléments du système Taylor, on
est frappé de leur concordance vers un unique but :
le rendement maximum de l'usine.

Bien que nous nous soyons donné comme seul objet
de recherche : le travail humain, nous n'avons pu nous
dispenser de signaler comment les améliorations
apportées par l'ingénieur américain dans la conduite
des usines s'étendaient jusqu'à l'outillage et la main-
d'œuvre. Leur caractère essentiel est de tout faire
converger vers le rendement total. Il y aurait donc
injustice à reprocher à W. Taylor d'avoir eu l'idée
préconçue de surmener l'ouvrier. Certes, le résultat est
le même, car il a, qu'on nous permette l'expression,
« pensé l'homme » en ingénieur au lieu de le penser
en physiologiste, en psychologue et en sociologue.
Pas une minute il ne s'est imaginé que les groupes
sociaux pouvaient exister hors de l'usine et que leur
action était aussi nécessaire à l'homme que son gagne-
pain.

La portée de l'œuvre de W. Taylor, bien qu'il ait voulu l'étendre à l'infini, se réduit donc à des buts exclusifs de rendement industriel.

Par rendement, on ne doit dans ce système considérer que la quantité de pièces établies sans défaut; mais un autre élément intervient dans les travaux professionnels qui, sans être des travaux d'art, demandent un « tour de main » particulier. Il faut donc réduire la valeur du système aux seuls travaux d'usinage mécanique.

Une erreur de méthode lui a fait appliquer à l'étude du travail humain les mêmes procédés qu'il a employés pour l'étude du travail mécanique. Toutes conditions extérieures restant identiques, si l'on fournit à une machine le combustible nécessaire, elle marche sans arrêt. Le rendement d'une machine sert à mesurer son état d'entretien et l'énergie qu'elle transforme.

De même, a-t-il pensé, si l'on donne à un homme une alimentation convenable, si on le place dans un milieu salutaire, son rendement mesurera comme pour la machine son état d'entretien.

Erreur, car la machine humaine se détruit et se répare sans cesse. Elle n'est à aucun moment identique à elle-même. Elle possède un *fonctionnement interne*, dont les lois sont très complexes, où des variables physiologiques se compliquent elles-mêmes de variables psychologiques. Son rendement ne mesure pas son usure. Elle peut rendre encore du travail et en rendre beaucoup, dans le cas des occupations qui ne nécessitent pas d'efforts musculaires, tout en se détériorant au point, parfois, de ne plus être réparable.

Il y a donc des conditions spécifiques du travail que le rendement ne fait pas connaître. La fatigue nécessite l'étude constante du moteur humain.

L'observation suivante vient prouver que le surrendement ouvrier est bien la clef du système. Aucun des disciples de W. Taylor n'a mis l'étude de la fatigue ou, plus simplement même, l'étude rationnelle du moteur humain, à la base de son système. Au contraire, nous voyons le plus actif, le plus intransigeant de ses disciples donner à son *Etude du mouvement* ce sous-titre significatif : *une méthode pour augmenter le rendement du travailleur*[1].

Fait plus typique encore, Gilbreth publiait récemment un ouvrage : *Primer of scientific management*[2], où il a groupé toutes les réponses faites aux lettres adressées par les imitateurs de W. Taylor au directeur de l'*American Magazine* lors de la publication des *Principes d'organisation scientifique*, en 1911. A aucun moment ne se remarque la préoccupation de fixer la mesure de l'effort humain dans des diverses professions. Cette méconnaissance des données de la physiologie et de la psychologie doit intervenir dans une définition du système.

Par contre, il faut signaler que le moteur humain, l'ouvrier, est pris dans une organisation très habile : chronométrage, sélection, salaires, organisation intérieure de l'usine, qui l'incite par tous les moyens, y

---

1. F.-B. GILBRETH. *Motion Study, a method for increasing the efficiency of the workman*, Londres, 1911.

2. F.-B. GILBRETH. *Primer of scientific management*, Londres, Constable & C°, 1912.

compris sa propre volonté, à produire sans tenir compte des signes subjectifs de la fatigue.

Les affirmations de W. Taylor, en ce qui concerne le respect de la santé du travailleur, doivent être signalées, mais à la condition de montrer qu'elles sont sans valeur réelle.

En effet, tandis que le système met entre les mains des chefs d'industrie le moyen de faire surproduire l'ouvrier, il ne fournit pas les signes objectifs capables de limiter le travail. Il s'en suit que le directeur d'atelier qui tire de son ouvrier un rendement que limite seule la réglementation légale des heures de travail, est en règle avec la loi et avec Taylor.

Enfin, dans la répartition des temps et des efforts, l'activité familiale et sociale de l'homme n'est pas prévue, les forces humaines nécessaires à ces activités sont absorbées par l'accomplissement du travail professionnel et nulle mesure scientifique ne permet leur utilisation dans la vie journalière.

En laissant de côté les dernières considérations d'ordre social et moral, le système Taylor, réduit à ses limites légitimes, doit se définir :

Une organisation du travail professionnel qui tend à faire rendre à l'outillage et à la main-d'œuvre d'une usine le maximum d'effets utiles.

Elle y parvient par l'utilisation méticuleuse des temps unitaires, par le perfectionnement de la technique, par la sélection professionnelle, par un procédé spécial de répartition des salaires et par l'organisation rationnelle de l'usine. Elle n'est elle-même que par le lien indissoluble qui doit unir ces divers éléments.

Elle applique au travail mécanique et au travail humain les mêmes méthodes de mesure. La méconnaissance du fonctionnement interne du moteur humain empêche d'assigner des signes objectifs à la ,..tigue.

Elle ne tient pas compte de la valeur propre de chaque ouvrier en dehors de la rapidité des mouvements.

Or, remarque essentielle, si les diverses mesures préconisées par W. Taylor ne sont pas liées indissolublement, nous ne sommes plus en présence du système Taylor, toutes les mesures fragmentaires ayant été appliquées bien avant que cet ingénieur n'ait composé son œuvre. Ses seules initiatives originales sont : la mesure des *temps unitaires* dont nous avons montré, d'une part, la valeur pour perfectionner la technique et augmenter le rendement, et, d'autre part, le danger au point de vue physiologique, et la méthode de salaire qui présente une infériorité notoire sur les méthodes Halsey ou Rowan.

En rapprochant cette définition — très objective et basée sur la seule étude analytique du système — des explications subjectives données par W. Taylor, on peut voir que son œuvre ne s'ajuste pas à l'idéal qu'il exprime. Et confrontant cette œuvre ainsi définie avec les problèmes de toute nature que soulève, de nos jours, l'organisation du travail, on se rend compte des lacunes qui subsistent et de l'urgence, accrue encore par l'application du système Taylor, des solutions à apporter dans l'organisation rationnelle du travail.

Les problèmes actuels de l'organisation psycho-physiologique du travail professionnel.

Si l'on se borne aux problèmes d'ordre psycho-physiologique, il est nécessaire, avant toute chose, de marquer qu'en l'état actuel de la technique industrielle, il convient de les étendre bien au delà de l'activité musculaire.

L'assimilation absolue de l'homme à un moteur mécanique est une erreur à la fois physiologique et philosophique. S'il est prouvé que dans le fonctionnement de l'être humain aucune force surnaturelle n'intervient, et qu'on peut parler du *moteur vivant,* cela ne suffit pas pour expliquer la nature de ce moteur. Il faut s'accoutumer à considérer que la complexité croissante des phénomènes leur confère des caractères nouveaux, si l'on compare les formes simples avec les formes complexes. Si quelques lois du fonctionnement de l'un sont applicables — comme l'a montré Chauveau, — au fonctionnement de l'autre, il ne s'en suit pas que ces deux ordres de phénomènes puissent être confondus.

C'est pour avoir traité l'ouvrier comme une machine qui prolonge le moteur mécanique que W. Taylor aboutit aux conclusions qui n'ont pas manqué de déconcerter les physiologistes avisés. Lorsqu'un travail met en jeu une partie de notre organisme, non seulement la fatigue ne se localise pas dans le seul organe employé, mais cette activité trouble ou modifie l'activité normale des autres organes.

Il existe en nous plusieurs personnalités physiologiques, ou plutôt l'activité de nos divers organes, circulation, respiration entre autres, n'est pas réglée d'une manière uniforme et définitive; elle s'adapte à des circonstances externes et internes si nombreuses que la psychologie et la physiologie ne peuvent prétendre encore les connaître toutes. D'ailleurs, le but de ces sciences est de déterminer les actions et réactions organiques dont l'ensemble constitue la vie. Lorsqu'une de ces actions persiste trop longtemps, l'organisme humain qui, en raison de sa plasticité fonctionnelle s'y était adapté, finit par en souffrir et parfois même par y succomber.

La notion de *plasticité fonctionnelle* que nous avons essayé de mettre en lumière à l'occasion de l'étude expérimentale des états organiques dans l'attention, nous paraît devoir être féconde en suggestions pour les recherches relatives au travail professionnel.

L'effort continu d'attention auquel W. Taylor oblige les ouvriers met l'organisme dans un état qui impose aux fonctions psycho-physiologiques un rythme monotone persistant. Ainsi que nous l'avons montré un effort d'attention bref et intense détermine des états respiratoires et circulatoires anormaux. Si ces états persistent, les rythmes vitaux ne peuvent plus s'accomplir. C'est ainsi que la courbe respiratoire dans l'attention, que nous avons enregistrée, témoigne que l'activité pulmonaire devient insuffisante, du fait même de la régularité à laquelle on la contraint. La courbe circulatoire en s'élevant, avec des oscillations plus fréquentes, témoigne d'une suractivité du cœur qui, à persister, devient dangereuse. Les expériences auxquelles nous faisons allusion[1] ont été confirmées par l'observation que nous avions faite en recherchant les signes objectifs de la fatigue dans les professions qui n'exigent pas d'efforts musculaires : la hausse de la pression sanguine et la diminution de durée du temps de réaction.

C'est donc une erreur physiologique et psychologique totale que de chercher à fixer l'activité de l'ouvrier sur son travail pendant la durée entière de son séjour à l'usine, si l'on n'établit pas en même temps les conditions du repos nécessaire pour chaque effort d'attention. Le problème se présente donc pour le psychologue comme pour le physiologiste avec des éléments si complexes qu'il ne peut aussitôt en formuler la solution. La sagesse commande alors de laisser provisoirement à l'organisme de l'ouvrier le soin de régler lui-même les rythmes respiratoires et circulatoires qui sont automatiques sur le rythme de son attention qui, elle, est une fonction volontaire. Si nous accordons à W. Taylor que la flânerie systématique ne devrait pas exister, nous faisons les plus grandes réserves sur la guerre qu'il fait à la flânerie dite naturelle.

Il faut le dire : le problème du travail humain reste à résoudre. L'activité de l'homme met en jeu des fonctions psychiques; or, l'étude du travail intellectuel n'est pas achevée et les méthodes d'investigation dans ce domaine doivent être renouvelées. Nous ne

1. L'adaptation organique dans les états d'attention volontaires et brefs. *Comptes rendus de l'Académie des Sciences*, 1913, t. 156, p. 1479.

saurions, en effet, accepter comme suffisants les résultats obtenus par la méthode d'étude des échanges nutritifs et respiratoires tels que nous les fournissent les travaux de l'institut Carnegie, qui aboutissent à cette conclusion : le travail intellectuel étudié avec les mêmes méthodes que le travail musculaire ne s'accompagne d'aucune dépense d'énergie [1].

Ces expériences sont à reprendre. Elles nécessitent une technique de laboratoire plus parfaite et un renouvellement complet des méthodes de recherche, le travail psychique étant très différent du travail musculaire.

Si nous avons reproché au taylorisme de négliger les conditions psychologiques et physiologiques de l'activité professionnelle, nous n'entendons pas dire cependant que l'organisation scientifique du travail doive s'opposer violemment au système Taylor, ni que les problèmes psycho-physiologiques constituent la base exclusive de toutes les recherches. Les conditions du travail professionnel, comme nous l'avons montré, sont d'une extrême complexité. La solution apportée aux problèmes qu'il soulève résultera de l'apport de diverses sciences et non des vérités fragmentaires de l'une d'elles. On sait, entre autres, quel intérêt scientifique s'attache aux recherches de M. A. Chauveau; on ne pourrait cependant pas réduire l'organisation pratique du travail à ces seuls résultats. Les lois de Chauveau expriment des vérités

1. F. G. BENEDICT et T. M. CARPENTER. The influence of mental Work on Metabolism. *Department of Agriculture Washington, Bulletin* 1909, n° 208, p. 45 à 100

partielles. Elle ne valent que dans les strictes conditions des expériences de laboratoire. Les appliquer directement au travail professionnel serait leur demander certes plus que Chauveau n'a pensé en tirer, car les conditions dans lesquelles se fait le travail industriel sont à la fois plus nombreuses et plus nuancées. Il faut instituer les recherches de toutes pièces, et en tirer des applications qui, confrontées avec les lois de Chauveau, aideront à établir un concept beaucoup plus général du travail humain. Les vérités fragmentaires successives doivent se relier les unes aux autres et non se confondre.

L'application à l'industrie de la loi de *la vitesse optima et de la contraction musculaire,* par exemple, amènerait à dire que tout effort musculaire doit être accompli très vite pour être moins fatigant et que cette vitesse déterminée pour chaque effort donné peut être maintenue durant une journée, une semaine, un mois... Or, du fait de la répétition prolongée des efforts, le rythme maximum primitivement fixé engendre la fatigue, la maladie, la mort. Outre les facteurs déterminés par Chauveau, on en voit intervenir un autre : la continuité des efforts.

Ce n'est pas le seul. De la continuité de l'effort naissent des états psychologiques dont il faut tenir compte : le plus souvent ce sera la monotonie qui engendrera un état mental dont l'influence sur l'effort volontaire est à déterminer[1].

---

1. H. MUNSTERBERG dans : *Psychology and industrial efficiency* (p. 190 à 205), a émis sur ce point une opinion curieuse qui demande pour être généralisée de nouvelles recherches, en raison des multiples aspects du travail industriel.

Bref, toutes les fois que nous aurons à envisager un nouveau problème du travail, il conviendra de ne considérer les faits antérieurement acquis que comme des points de repère dans l'établissement d'une loi plus générale.

L'observation directe; l'expérimentation dans les conditions normales de la vie ouvrière considérée s'imposent donc.

« La seule complication, écrivait Marey, à laquelle on doive s'attendre pour le travail de l'homme dans les ateliers et les chantiers tient à l'extrême diversité des efforts à produire et à l'extrême variété des instruments employés dans les diverses professions. Mais si la difficulté est grande, l'importance des résultats à atteindre mérite qu'on y consacre de grands efforts[1]. »

Ce n'est plus seulement sur ces multiples aspects de l'activité professionnelle que les recherches doivent porter, mais sur des problèmes généraux qui ne se posaient pas impérieusement à l'époque où vivait Marey, et que l'application des méthodes industrielles de surproduction vont nous obliger à résoudre parallèlement. Le problème de la fatigue qui intéresse et l'individu et la race, le problème de la sélection professionnelle qui intéresse la société entière sont parmi les plus urgents.

---

1. MAREY. Travail de l'homme dans les professions manuelles. *Revue de la Société scientifique d'hygiène alimentaire*, 1904, p. 198.

La méthode à employer actuellement pour étudier l'activité professionnelle.

Les recherches à inaugurer ou à continuer ne sont pas destinées à constituer une science nouvelle, contrairement à l'opinion trop souvent exprimée en ce sens. C'est une application des techniques de laboratoire et des principes généraux de la science expérimentale à des problèmes particuliers. Ce qui a pu faire illusion à certains, c'est que ces problèmes, d'une complexité extrême, n'ont pas encore été l'objet d'une étude méthodique.

Pour qui en comprend bien les données, il ne s'agit pas d'étudier l'activité humaine dans les conditions ordinaires du laboratoire, mais dans un milieu déterminé, le milieu du travail. Au lieu de transporter l'ouvrier en travail dans le laboratoire et d'assimiler son activité ainsi déformée au travail habituel, il faut transporter l'outillage scientifique convenable dans l'atelier.

Faire travailler, par exemple, un homme sur une bicyclette qui roule « à vide » et dont un frein mesure le travail effectué, n'est pas assimilable, si l'on cherche des résultats immédiats et pratiques, au travail fourni par un individu accomplissant un des multiples efforts professionnels.

Si l'on se propose d'étudier le travail du menuisier, il ne suffira pas de faire venir un menuisier dans un laboratoire et de lui faire donner quelques coups de rabot dont on étudiera la technique et les effets; ce serait là un appoint intéressant sans doute et qui contribuerait à solutionner le problème considéré, mais plus efficace serait l'étude dans l'atelier même. On y étudierait, outre le coup de rabot « théorique », les conditions du milieu physique et moral, l'éclairage, l'outillage accessoire, le voisinage des autres ouvriers, l'obligation de travail assidu ou non, etc... Toutes conditions qui peuvent modifier profondément les résultats de l'expérience.

Nous sommes persuadé que les conditions extrinsèques du travail, la hâte, les émotions qui l'accompagnent, l'ennui, le rythme imposé, la contrainte morale, sont des causes qui échappent aux recherches de laboratoire et qui déterminent les accidents les plus graves pour le travailleur. Parmi ces accidents, il faut, à notre avis, donner une place aux maladies mentales.

La recherche devient déjà moins simple lorsque, au lieu de ces activités où le corps seul semble être en jeu, on s'adresse à des besognes qui entraînent la mise en œuvre des facultés mentales de l'ouvrier, comme la surveillance d'une machine de tisserand ou le travail du linotypiste. Les conditions de milieu, d'aptitudes individuelles, etc..., prennent alors une importance considérable.

D'ailleurs, les professions qui doivent, à l'heure actuelle, solliciter le plus activement les recherches ne se prêtent pas à des observations qui ne respecteraient pas entièrement le milieu. Les conditions d'activité propres aux métiers de surveillance ne peuvent se créer d'une manière factice. Vouloir appliquer à leur organisation les règles générales que l'étude de l'attention a permis de formuler serait s'exposer à des déconvenues. L'attention est dominante parmi les facultés mises en jeu dans les métiers de surveillance, mais d'autres facteurs psychologiques interviennent aussi.

Ces facteurs se combinent différemment dans les occupations professionnelles, et de ces combinaisons nouvelles naissent des attitudes psychologiques que la science pure n'a pas encore identifiées. Ce sera là un des buts les plus intéressants que poursuivront les recherches futures.

En réclamant l'observation sur place, nous ne voulons pas nier l'utilité, la nécessité même des travaux effectués au laboratoire. Lorsque les premières recherches ont permis d'éclairer la question en la divisant et d'en saisir un des aspects, le calme, la précision des études de laboratoire s'imposent. Ces raisons nous ont conduit, entre autres, à mener parallèlement une expérimentation sur les wattmen dans les conditions normales de milieu et de travail, et des recherches au laboratoire pour déceler les conditions psychologiques et physiologiques des actes brefs et intenses. Ceux-ci, croyons-nous, sont caractéristiques de l'activité du conducteur de voitures électriques et d'automobiles. Une fois déterminées très exactement les conditions d'une bonne expérience, on peut, comme l'a si bien montré Claude Bernard, réduire sa recherche à un cas précis. Ce qui importe c'est de trouver les conditions topiques.

Les diverses tendances des recherches scientifiques

telles que nous venons de les indiquer de façon sommaire convergent — quelle que soit l'attitude prise par le savant — vers des buts pratiques. Elles sont donc toutes utiles et tous leurs enseignements sont précieux. Mais le caractère urgent de la question de l'organisation scientifique du travail ne permet pas d'attendre que cette riche moisson soit mûre; elle impose d'improviser déjà une méthode mieux appropriée que l'empirisme actuel.

Cette méthode consistera à prendre successivement toutes les formes de l'activité professionnelle moderne, à déterminer pour chacune d'elles les conditions physiologiques de rendement maximum, tant au point de vue de la qualité que de la quantité; à déterminer, en outre, le moment où, pour ce travail considéré, apparaissent les premiers signes de la fatigue.

En d'autres termes, il faut poser pour chaque métier le double problème de la supériorité professionnelle et de la fatigue.

C'est en raccordant le faisceau des observations éparses et en instituant des recherches précises nouvelles, que l'on parviendra à atteindre ce but.

On ne doit pas, certes, s'imaginer que tous les cas peuvent être, dès à présent, solutionnés. Il convient de faire d'abord des études de mise au point et des travaux d'approche. Mais avec la vision nette de l'étendue et de la mobilité des buts à atteindre, on ne risque pas de subir une illusion que le caractère à la fois social et scientifique de telles recherches serait de nature à créer.

Le mouvement d'opinion suscité dans le monde par

l'application du système Taylor nous· permet enfin d'exposer le programme des recherches à poursuivre pour l'organisation scientifique du travail humain.

Ce programme est infiniment complexe, car toutes les questions sociales peuvent s'y greffer. Pour le rendre pratique, il convient de le réduire aux questions les plus importantes et d'un intérêt immédiat.

C'est d'abord le *problème de la sélection profes- sionnelle préalable* qui, jusqu'à ce jour, n'a jamais été posé. En faisant, avant l'entrée en apprentissage, la sélection des travailleurs — fondée sur la caracté- ristique psycho-physiologique des ouvriers supérieurs — on assure le recrutement professionnel en suppri- mant le danger des déchets sociaux. Notre effort, depuis de nombreuses années, a tendu vers cette solution pour les imprimeurs, les linotypistes, les conducteurs d'automobiles, les mécaniciens, les dacty- lographes, les margeurs, etc...

En second lieu c'est le *dressage méthodique des jeunes travailleurs* par la connaissance des conditions scientifiques de l'activité professionnelle. Les travaux de M. Imbert sur la manœuvre du cabrouet, sur le travail à la lime, etc., peuvent fournir ici des indications précieuses.

Le perfectionnement de la technique par l'appli- cation des connaissances rationnelles du moteur humain et du chronométrage, se poursuivra de façon parallèle.

Enfin, *la recherche des signes objectifs de la fatigue professionnelle* — et en particulier dans les métiers de surveillance et d'attention où nous l'avons déjà poursuivie — s'impose avec une égale urgence.

Ces divers ordres d'étude sont devenus plus nécessaires depuis que le chronométrage tend à se généraliser.

D'autres questions complémentaires étendent encore le champ des recherches : l'alimentation et l'hygiène ouvrières, le repos, la distraction, etc... Ces recherches effectuées, les résultats obtenus concourront à l'étude et peut-être même à la solution des questions plus vastes que l'on réunit sous le nom de questions sociales.

TABLE DES MATIÈRES

AÉRONAUTIQUE (L'), Revue mensuelle illustrée, 1ʳᵉ année; 1919-1920 In-4° raisin (250×325).

L'industrie nouvelle de la locomotion aérienne réclamait un organe vivant, enthousiaste, documenté. *L'Aéronautique* se propose de présenter au public, sous une forme agréable, les progrès accomplis dans la science de l'air.

L'Aéronautique tient le grand public au courant de tout ce qui concerne les modes de locomotion aérienne. La collection de ses numéros formera plus tard des Annales où savants, ingénieurs, personnel navigant, constructeurs, etc., suivront les études techniques et liront le récit des événements aériens. Les initiatives individuelles y sont décrites, et les orientations officielles régulièrement commentées.

Publiée avec la collaboration du Service technique de l'aéronautique, *L'Aéronautique* constitue l'encyclopédie où tous les services feront des recherches, où les profanes même puiseront des documents et des actes officiels.

Il y est donné périodiquement un compte rendu de toutes les publications étrangères, ouvrages et revues concernant l'aéronautique.

Prix de l'abonnement annuel :

France .... 40 fr. | Étranger .... 50 fr.
Le numéro : 3 fr. 50

GORGEU (P.), Capitaine d'artillerie. — **Machines-outils.** *Outillage. Vérificateurs. Notions pratiques.* In-8 (25-16) de IV-232 pages, avec 200 schémas ; 1909... 7 fr. 50

GRIMSHAW (Robert), Mechanician Engineer. — **L'atelier moderne des constructions mécaniques. Procédés mécaniques spéciaux et tours de main.** Traduit de l'anglais par A. LATTUGA. 2 volumes in-8 (23-14).
Iʳᵉ SÉRIE : Volume de 394 pages avec 222 figures; 1903........... 10 fr.
IIᵉ SÉRIE : Volume de 377 pages avec 593 figures; 1906....... 10 fr.

JANET (Paul), Professeur à la Faculté des Sciences de l'Université de Paris, Directeur du Laboratoire central et de l'Ecole supérieure d'Électricité. — **Premiers principes d'Électricité industrielle.** *Piles, Accumulateurs, Dynamos, Transformateurs.* 6ᵉ édition revue et corrigée. In-8 (23-14) de VIII-282 pages, avec 163 figures: 1910 (*Ouvrage couronné par l'Académie des Sciences*)...................... 10 fr.

61658 Paris. — Imprimerie Gauthier-Villars et Cⁱᵉ, 55, quai des Grands-Augustins.